数字原来会说谎

扣小米——著

化学工业出版社
·北京·

在大数据时代，数字被看作是巨大的金矿，变得前所未有地重要。人们可以通过一串串数字刻画整个世界，甚至预测未来。但是数字却永远无法代替真实，现在数字和数据被滥用的现象越来越常见，特别是新技术的运用更是使数据从收集到处理，从可视化到信息表达，每个环节都存在用数字做手脚的机会，让人防不胜防。不过数字永远都是那些数字，说谎的并不是数字本身，而是使用数字的人，是数字使用者把数字变成了"任人打扮的小姑娘"。

本书将用简单易懂的语言分析常见的利用数字说谎的情况，并结合一些常见的例子，对现有的一些"数字陷阱"现象进行解析。

图书在版编目（CIP）数据

数字原来会说谎 / 扣小米著. — 北京：化学工业出版社，2017.11
 ISBN 978-7-122-30722-4

Ⅰ.①数… Ⅱ.①扣… Ⅲ.①经济统计-统计数据-普及读物 Ⅳ.①F222-49

中国版本图书馆CIP数据核字（2017）第243709号

责任编辑：罗　琨　　　　　　　　　　　装帧设计：韩　飞
责任校对：王素芹

出版发行：化学工业出版社（北京市东城区青年湖南街13号　邮政编码100011）
印　　装：三河市双峰印刷装订有限公司
710mm×1000mm　1/16　印张13½　字数169千字　2018年2月北京第1版第1次印刷

购书咨询：010-64518888（传真：010-64519686）　　售后服务：010-64518899
网　　址：http://www.cip.com.cn
凡购买本书，如有缺损质量问题，本社销售中心负责调换。

定　　价：39.80元　　　　　　　　　　　　　　　　版权所有　违者必究

前言

> 谎言有三种：谎言、该死的谎言、统计数字
> ——本杰明·迪斯雷利

数字是我们日常生活中每天都会碰到的符号，是一种全世界每个国家都通行的语言。以数字为基础的数学更是所有自然科学的基础。有了数学的表达，一门科学才算是能够精确推导、理论臻至完善。

但是数字在改变世界的同时，也蕴藏着巨大的陷阱。美国大文豪马克·吐温曾经在《我的自传》一书中写道："数字经常欺骗我，特别是我自己整理它们时。针对这一情况，本杰明·迪斯雷利的说法十分准确：'世界上有三种谎言：谎言、该死的谎言、统计数字。'"（There are three kinds of lies: lies, damned lies, and statistics.）

1955年，美国作家达莱尔·哈夫（Darrell Huff）出版了《统计数字会撒谎》（*How to Lie with Statistics*）一书，该书用大量生动有趣的实例揭露了当时美国社会中一些利用数字和数据造假的现象，引起了极大反响，并且后来被

翻译成多种语言。书中提出的统计陷阱的例子，比如样本选择偏差、平均数的选择以及相关性的滥用，在现今的生活中仍然十分常见。

达莱尔·哈夫的这本经典著作给了我们很多启示，统计数字看似客观公正，但背后其实隐藏着很多秘密。不过，由于《统计数字会撒谎》一书出版时间较早，书中描述的数据造假现象如今已经出现了新的变化。同时，随着技术的进步、学科的发展，以及各学科之间的融合，最近几十年出现了不少新的研究领域，比如大数据、机器学习等。在如今数据量膨胀的时代，数据收集和数据分析的方法越来越多样，而数据中蕴含的陷阱也越来越多。

这是一个变革的时代，变革不仅体现在政治领域，还体现在我们的观念和行为上。2016年一个个重大事件中，"情绪"代替了"真相"，"感性"代替了"理性"，事实被谎言包裹得越来越严密。《牛津英语词典》将2016年的年度词汇授予了"后真相"（post-truth），而德国人也十分巧合地把年度德语词汇给了postfaktisch，同样是"后真相"。整个世界似乎都进入了"后真相时代"，在这个时代，人们为了引导公众情绪，可以罔顾真相，扭曲事实。

2017年1月10日和11日，即将离任的美国总统奥巴马和新任总统特朗普分别在芝加哥和纽约与公众见面。奥巴马回到了他政治生涯开始的地方，发表了告别演讲。奥巴马在演讲中感谢了自己的妻子和孩子，说到动情之处不禁流下了泪水，此情此景既感人又温情。而到了特朗普那边，完全是画风大变。那是特朗普竞选成功以来的首次新闻发布会，可在这次发布会上，特朗普本色尽显，猛烈攻击军工、汽车制造等行业，场面剑拔弩张。更让人惊讶的是，当CNN记者想要提问时，特朗普直接拒绝，双方发生了语言上的冲突，特朗普更是直接斥责对方："你们（报道的）是虚假新闻！"（You are fake news!）

"虚假新闻"（fake news）这个词是美国大选以来一直备受关注的话题。根据美国情报部门的调查，在刚刚过去的美国大选中，大量虚假新闻，特别是网络新闻，扰乱选举秩序，误导民众，影响选举结果，并且情报机构怀疑俄罗斯政府参与其中。特朗普之所以斥责CNN，正是因为后者曾撰文披露俄罗斯掌握了特朗普不可见人的黑料。

许多人把矛头对准了社交平台facebook，指责其纵容虚假新闻在网站上传播而不加干涉。作为世界上使用范围最广的社交网站，一条新闻在这里的传播速度和影响范围要高于任何纸质媒体。

不过，facebook本身并不创造新闻，那些影响美国大选的虚假新闻，居然很大一部分来自东欧国家马其顿的一座小城Veles。在这里，编造假新闻已经成了一门生意，很多人的工作就是每天在网上凭空写一些假新闻，然后传播出去。他们当然不是怀有操纵政治的阴谋，而只是赚些养家糊口的钱。网站依靠这些耸人听闻的假新闻赚取流量，增加广告收入。就是这么简单的逻辑链条，却一不小心间接地改变了世界。

不仅政府批评媒体的不实报道，不少民众也指责媒体受到政府的控制，有选择性地播报新闻。在德国，这类为政府宣传虚假信息的媒体被称为"谎言媒体"，这个词最早可以追溯到19世纪，近些年来开始被极右民粹组织频繁使用。

媒体被看作社会公器，记者更是被看作社会的良心，可如今，他们却遭到了政府和（极右）民众，传统政党和民粹政党的同时攻击。2014年德国出版了《被收买的记者》（*Gekaufte Journalisten*）一书，作者在书中披露了大量关于德国记者如何被当事人收买而报道不实新闻，以及政客、情报机构和商人如何操纵媒体的内幕。作者在书中明确点出了上百个涉嫌操纵舆论的人员，以及多个知名媒体机构和国际组织的名字。这本书还爆料，情报机构的人员居然可以堂而皇之地在一家德国主流报纸的编辑部内撰写他们所需要的文章，然后以某位知名记者的名义刊登见报。作者更是断言，三分之二的记者都是可以被收买的。

很难讲到底是先出现了谎言媒体，才导致我们进入了后真相时代，还是后真相时代孕育出了谎言媒体，但毫无疑问的是，这二者的结合如此"契合"，以至于真相离我们越来越远。我们正处在一个情绪比真相更重要的时代，人们没有耐心去探究事情的原委，不管是2016年的英国退欧公投还是美国总统大选，各种虚假新闻无时无刻不在撩拨着选民的情绪："退出欧盟可以每周为英国节省数亿英镑的开支""调查希拉里的FBI探员被爆死于公寓内"。投票选举期间，这类新闻在网络上流传甚广。然而，这些新闻事后都被证明要么数字是杜撰的，要么是以偏概全。

很多人把假新闻泛滥怪罪在互联网身上，认为正是互联网的发展，使得制造新闻和传播新闻的成本变得越来越低。在享受网络带来的丰富信息的同时，我们却渐渐发现，自己离真相越来越远。一个公共事件发生后，手机上立马能接到数条推送，过不了几个小时，上百篇"深度分析"就会把我们包裹起来：公众号、朋友圈、微博……

现在IT技术越来越发达，能够获取的数据量越来越大，拥有了用户信息，媒体可以很精准地推送给用户他们最感兴趣的新闻，网站可以为每位用户提供定制的消息。然而可悲的是，我们却总是迷失在信息的洪流之中，假新闻配合假数字，我们根本抓不住真相的尾巴。

我们正处在一个情绪比真相更重要的时代，越来越多的人不愿意探究事情的原委和证据，而是先通过指责和谩骂宣泄情绪。这也是一个流量比事实更重要的时代，本来一件还存在诸多疑问的事情，媒体却很"乐意"把它写成非黑即白，直接告诉读者谁是好人谁是坏人，因为这样才能成为热点话题，才能带来点击率。几个大V随手"转发"，民意立刻汹涌而来，你要么就红了，要么就是被钉在了耻辱柱上。可是在"后真相时代"，真相到底是什么？数字到底是精确的表达，还是谎言的制造者？

或许这些媒体与那些炮制虚假新闻的马其顿人一样，并没有去颠覆社会的野心，这么做只不过是为了挣钱养家糊口。这些媒体平台或许也和facebook有同样的理由：我们只是平台，只负责分发，虚假新闻又不是我们写的。可是，正是这一层一层的"无意",纵容了虚假新闻和数字陷阱的盛行。

不过,虚假信息也绝不是今天才出现,任何垄断信息源的媒介或平台,都有控制新闻和舆论的能力。如今,只不过是换了个"信息的守门人",因为互联网来了。我们期待着互联网带来"去中心化",期待信息不再只掌握在少数人手里。可是未曾想,那些掌握流量和信息分发渠道的互联网平台,却拥有了让当年传统媒体都难以企及的"权力",他们影响甚至决定了我们平时看什么、听什么、聊什么,甚至是想什么,而且他们的影响跨越边界,不分种族。在这个时代,数字不仅是向外传递出的信息,同时还是各行各业迫切追求的"宝藏"。"大数据时代",数字不再只是一个个枯燥的计算工具,而是能描述世间万事万物的神奇符号。信息流和数字流,它们不仅影响着我们的生活,也在深刻地改变着我们的思想。可是,当数字变得越重要,人们的生活都被数字连接起来,数字所带来的风险也就越大,用数字来说谎所造成的后果也就越严重。

人们的个人信息源源不断地汇入到互联网企业的手中,这些信息虽然只是由一些数据流组成,但却可以准确地反映出用户的各种形象、喜好,企业可以极其精准地为每位用户提供个性化服务。这个时代的人是幸福的,可以体验到以前从未有过的便捷生活,但是另一方面,信息安全也被提高到了前所未有的高度,我们身边经历的谎言事件越来越多,骗子的骗术也越来越高超,原因正是我们的个人信息太容易被泄露,所有这些被非法掌握的信息,最后串起来就能够勾勒出一个个个体。

在各种各样的社交媒体上,我们每天都会收到各式各样的文章,其中许多都起着耸人听闻的标题,然而内容却多以编造的谣言为主。在一个依靠流量的时代,文章的质量已经是次要的了,吸引眼球才是最关键的,所以我们就能够看到各式各样生拉硬拽的"因果关系",添加一些看似合情合理的数字辅助,或者是直接对数字做手脚。数字被布下了各种陷阱,数据成了欺骗的手段。

但其实，数字本身不会说谎，数字只是一个信息载体，说谎的其实是使用数字的人。数字既可以拿来解释客观世界，也可以用来曲解事实真相。用数字撒谎的方法多种多样，不一而足，本书将尝试用简单易懂的语言分析常见的利用数字说谎的现象，同时结合一些常见的例子进行解析。

在大数据时代，数字和数字组成的数据成为最有价值的信息，人类拥有了以往从未有过的巨大信息量，一方面，信息量的猛增帮助人们更加深刻地理解自然世界和人类社会；但另一方面，以数字化为基础的各类新技术又在不断地改变人类社会，有的时候这种改变让人类生活变得更加美好，但有的时候却让人猝不及防。人类的工作岗位不断地被机器所取代，信息安全不断地受到威胁，这种数字化带来的挑战也成为"数字陷阱"的另一种表现形式。

历代科幻电影都乐意将拥有人工智能的机器人反叛人类当作主题，想象着这些被"数字"制造出来的机器是如何摧毁人类的；美国中央情报局前雇员爱德华·斯诺登曝光的美国国家安全局的"棱镜计划"监听项目更是让公众了解到，人类是如何利用数字为自己埋下"陷阱"的。

相比于用数字造假，这样改变社会结构的数字陷阱更加隐晦，但影响却更加深远。数字不仅影响我们的认知，也在影响整个人类历史文明。

目录

第1章 数字、数据与统计 /1

◎ 1.1 数字与统计学 /2
1.1.1 数字不仅仅是算算术 /2
1.1.2 我们为什么需要统计学？ /4
1.1.3 生活中统计学无处不在 /8

◎ 1.2 大数据时代 /11
1.2.1 大数据对生活的影响 /11
1.2.2 数据过多既是负担，也是隐患 /13

第2章 数字的意义 /17

◎ 2.1 预测比赛结果/冠军归属 /18
2.1.1 足球博彩与夺冠赔率 /18
2.1.2 高盛预测2014年世界杯走势 /21
2.1.3 人工智能预测《我是歌手》冠军归属 /24

◎ 2.2 数字预测美国大选 /26
2.2.1 美国大选的计票方式 /26
2.2.2 538网站成功预测奥巴马当选 /28
2.2.3 统计数字比政治学家更可靠？ /31

◎ 2.3 用网络数据帮你赚钱 /34
2.3.1 语意分析——你在网上说过的话都蕴藏商机 /34
2.3.2 Twitter和Google中隐藏的赚钱秘密 /36

2.3.3 利用社交网络数据看股市走势 /40

◎ 2.4 数字与量化对学科研究的影响 /45
2.4.1 定性分析与定量分析 /45
2.4.2 社会科学中的量化研究 /46

◎ 2.5 媒体也在到处找数据 /50
2.5.1 数字对媒体传播的重要性 /50
2.5.2 数据新闻和数据可视化的崛起 /52

第3章 数据收集既有技巧又有隐患 /57

◎ 3.1 从哪里能够获得数据？ /58
3.1.1 二手数据 /58
3.1.2 一手数据 /59

◎ 3.2 什么样的数据是好数据？ /61
3.2.1 好数据的标准 /61
3.2.2 清洗数据也是技术活儿 /62

◎ 3.3 你的数据可靠吗 /64
3.3.1 数据来源不可靠 /64
3.3.2 对数字本身做手脚 /65
3.3.3 对数据后期处理过度 /66

◎ 3.4 样本选择不完善 /68
3.4.1 样本选择与整体数据 /68
3.4.2 样本选择偏差：失之毫厘，差之千里 /69
3.4.3 幸存者偏差：你经历的不一定就是真的 /72

第4章 相关性与因果性 /79

◎ 4.1 相关性与因果性的混淆 /80
4.1.1 相关关系不一定意味着因果关系 /80
4.1.2 购物网站怎么会知道我想读什么书 /81

4.1.3 "神奇的"相关性 /82

◎ 4.2 慎用"因为……所以……"造句：因果关系不可乱用 /85

4.2.1 因果关系需要严密论证 /85

4.2.2 "倒因为果"也是一个严重的问题 /87

第5章 平均数的"挑选技巧" /89

◎ 5.1 平均数、中位数与众数的差别 /90

◎ 5.2 平均数并不"平均" /92

5.2.1 当地平均工资水平×万元，你被平均了吗？ /92

5.2.2 占领华尔街——社会上1%的人掌握了99%的财富 /95

◎ 5.3 缺少平均数的误导性 /98

5.3.1 GDP全球第二，我国是否已经是经济强国？ /98

5.3.2 我国是地大物博、资源丰富吗？ /100

◎ 5.4 辛普森悖论：分类的重要性 /102

5.4.1 到底哪个班的平均分高？ /102

5.4.2 辛普森悖论 /104

◎ 5.5 补救平均数 /105

5.5.1 全国收入水平分布情况——你处在哪个位置？ /105

5.5.2 房价的中位数乘数 /107

第6章 数字图表——有图也不一定有真相 /111

◎ 6.1 数字与数据可视化：一图胜千言 /112

6.1.1 数字越详细，人们反而越不愿意看 /112

6.1.2 人类对图形更加敏感 /113

6.1.3 数据可视化的趋势与优势 /115

- ◎ 6.2 可视化的数字也是数据陷阱的重灾区 /117
  - 6.2.1 图形数据更加直观，但可能会遗漏一些数据信息 /117
  - 6.2.2 图像更易操纵 /120
- ◎ 6.3 改变坐标轴：数字变得不认识了 /121
  - 6.3.1 截取纵坐标某一段，故意夸大差距 /121
  - 6.3.2 图像的拉长与伸缩 /124
  - 6.3.3 改变时间轴的范围：视角不同，"结果"就不同 /125
  - 6.3.4 百分号和千分号：单位到底是什么？ /129
- ◎ 6.4 魔鬼都藏在细节中 /131
  - 6.4.1 查看数据备注说明信息 /131
  - 6.4.2 注意数据图表的细节 /132

第7章 广告中的数字陷阱 /137

- ◎ 7.1 "降价50%销售"：真的是降价促销吗？ /138
  - 7.1.1 先涨价后降价 /138
  - 7.1.2 先降价后涨价 /139
- ◎ 7.2 买家好评：口碑就是金钱 /141
  - 7.2.1 信息不对称——卖家怎么说都有理？ /141
  - 7.2.2 刷单导致偏差 /142
  - 7.2.3 "给好评送礼物" /143
- ◎ 7.3 夸张宣传误导消费者 /145
  - 7.3.1 一周美白：公开的数字与背后的信息 /145

7.3.2 前提条件不明——隐藏的技巧 /146

◎ 7.4 流量为王的时代 /149

7.4.1 能到"10万+"才算火爆 /149

7.4.2 赚流量也要守规矩 /150

第8章 公司运营中的数字陷阱 /153

◎ 8.1 营业收入与利润 /154

8.1.1 卖得越多,赚得越多? /154

8.1.2 所谓"互联网思维"——先烧钱圈地,再考虑盈利? /156

◎ 8.2 增长:环比增长还是同比增长? /161

◎ 8.3 企业带动纳税5000亿元 /163

◎ 8.4 注水的KPI /164

8.4.1 KPI是用数字量化来考核的方式 /164

8.4.2 只要有数字就可能被操控——虚假业绩的例子 /165

第9章 网络谣言中的数字陷阱 /167

◎ 9.1 为什么谣言比辟谣更受欢迎? /168

9.1.1 人类偏好耸人听闻的故事 /168

9.1.2 带有数字的谣言更可怕 /169

9.1.3 谣言通常比充满科学味的枯燥辟谣文章更具有可读性 /171

◎ 9.2 食物相克的谣言:离开剂量谈毒性都是耍流氓 /173

◎ 9.3 生男孩还是生女孩——酸儿辣女? /174

第10章　美国大选预测遭遇滑铁卢：特朗普来了 /175

- ◎ 10.1　总统大选，谁家预测得准 /176
- ◎ 10.2　尴尬的媒体和民调预测 /179
- ◎ 10.3　预测正确的媒体 /182

第11章　数字与新技术时代 /185

- ◎ 11.1　人工智能、机器学习、大数据：数字新时代 /186
- ◎ 11.2　新技术前景 /189
- ◎ 11.3　人类必须要面对的现实：被机器取代 /191
- ◎ 11.4　安全隐患 /194

第12章　总结 /197

第 1 章

数字、数据与统计

> 我们已经进入了大数据时代，数据的体量已经大大高于历史上的任何时期，这为我们创造出了无限地可能，但同时也存在着不小的隐患。这一章将首先介绍有关数字和数据的基本信息，以及关于统计学的一些常用概念和应用场景。

●1.1 数字与统计学

> 数字被看作是一套严谨的表达体系,历史上人类发现了众多神奇的数字,它们看似巧合,但往往包含着深刻的道理,对数字的研究也是对人类社会和客观世界的研究。统计学就是一门大量依赖数字的学科,人们的生活中包含了大量的统计学知识,统计学能够帮助人们打开新的视野。

❏ 1.1.1
数字不仅仅是算算术

13世纪,意大利数学家斐波那契发现了一组对世界影响深远的神奇数字,这组数字为0、1、1、2、3、5、8、13、21、34、55、89、144、233、377、610、987……这组数字暗含着很多神奇而有趣的规律,吸引着后来的人们不断地挖掘,比如:1)从第三个数字开始,后一个数字都等于前两个数字之和,如1+1=2,8+13=21,55+89=144;2)随着数列项数的增加,每一个数字与其之后的数字的比值无限接近于0.618,如3/5=0.6,34/55≈0.6182,233/377≈0.618。

而0.618这个数字,因为具有严格的比例性、艺术性,蕴藏了很深的美学价值,在《蒙娜丽莎》等艺术作品以及人体结构上都有表现,因此这也被称作黄金分割点。

1679年,德国哲学家、数学家莱布尼茨发明了二进制计数系统,用简简单单的0和1两个数字来进行计数。而如今功能强大的计算机的运算正是以二进制为基础的。0到9这十个数字,可以描绘出各种能够想象到的和无法想象的图景。

说到数字，不得不提数学。当然我知道，对于很多人来说，数学课是学生时期痛苦的回忆，总是一些数字和字母的排列组合，枯燥而无味，有无数记不完的公式，有永远算不完的试题。

但是，数学其实是很美的，我们先来看看大师们都是怎么说的。

科学家、数学家伽利略说，数学是上帝用来书写宇宙的文字。

哲学家、数学家罗素说，数学，正确地来看，不但拥有真理，而且也具有至高的美。

物理学家爱因斯坦说，纯粹数学，就其本质而言，是逻辑思想的诗篇。

再来看一下这组数字。这里面不仅暗含着计算的规律，而且还给人一种美感：

$1 \times 9 + 2 = 11$

$12 \times 9 + 3 = 111$

$123 \times 9 + 4 = 1111$

$1234 \times 9 + 5 = 11111$

$12345 \times 9 + 6 = 111111$

$123456 \times 9 + 7 = 1111111$

$1234567 \times 9 + 8 = 11111111$

$12345678 \times 9 + 9 = 111111111$

$123456789 \times 9 + 10 = 1111111111$

下面这组数字也是如此：

$9 \times 9 + 7 = 88$

$98 \times 9 + 6 = 888$

$987 \times 9 + 5 = 8888$

$9876 \times 9 + 4 = 88888$

$98765 \times 9 + 3 = 888888$

987654×9+2=8888888

9876543×9+1=88888888

98765432×9+0=888888888

类似有趣的数字数不胜数。数字是神奇的，数字也是美的，我们离不开数字，这个世界也离不开数字。因此，我们对数字的研究，也是十分必要的。

1.1.2
我们为什么需要统计学？

统计学是一门直接和数字打交道的学科，是一门研究如何测定、收集、整理、归纳和分析反映客观现象总体数量的数据的社会学科。统计学对于我们看待事物、推断事物来说十分有帮助，可以让我们更加全面地认识这个世界。

统计学知识用途很广。对于个人来说，你可以记录每天的开支情况，到月末做一个总结，就能够了解这个月花了多少钱，钱都花在哪里了。到了年末再做一个总结，就能够得到平均每个月的花销有多少。把每个月的开支都列出来，可以发现自己的花销是否随时间有明显的变化，比如是否过年之前的开支最多。如果把每项支出进行分类，就可以发现自己在哪里花钱最多，哪里花钱最少。

对于一座城市来说，及时了解居民的收入水平，可以知道城市的发展情况以及人们的生活质量；收集每天早晚高峰期的路段拥堵情况并进行分析，可以提前预测下一次大拥堵的时间，以便及早应对；收集每天空气质量的数据，并与工业废气排放等其他数据进行分析，有助于发现城市污染来源，并采取相应措施。

对于一个国家来说，海关进出口数据和工业生产方面的数据，可以反映一个国家经济发展情况；全国人口普查数据可以让政府了解国家的人口结构；全国的专利申请量数据可以了解国家的科技能力以及创新水平；而金融，特别是货币方面的数据，则直接影响到国家的下一步货币政策。

统计学的一个重要方面是描述数据的概率分布形式。最常见的一种分布是正态分布（Normal Distribution），这种分布呈"钟"状，中间高，两边低，在诸多自然学科中都属于重要的概率分布。在日常生活中，正态分布也随处可见，比如一所学校学生的考试成绩总体上来说就是呈正态分布的，即分数特别低以及分数特别高的学生都属于少数，大部分学生的成绩都在中游。同样，一所学校里的学生身高分布也是正态分布，大部分学生都是中等身材，而个子特别高或者特别低的学生都只占少数，如图1-1所示。

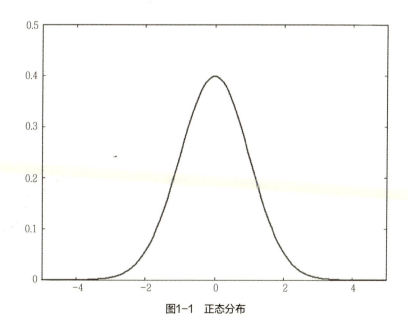

图1-1　正态分布

再举一个例子。"长尾效应"（Long Tail Effect）是一个商业上经常使用的概念，亚马逊、淘宝等公司都成功运用了这一效应，并取得了商业上的成功。市场上的产品和服务种类繁多，那些销量很大的商品，其实相对来说种类较少，大部分产品的销量都处于较低水平。以往许多人只关注那些能够"热卖"的商品，但实际上那些销量小的产品其实总量很大，这就是那个"长尾"，如图1-2所示。对于电子商务网站来说，那个长长的尾巴中所蕴含的价值是非常巨大的，由于网上卖东西的成本相对来说较低，所以这些公司有能力满足那些十分小众的客户的需求，这样我们就能够在网上买到各式各样的商品。

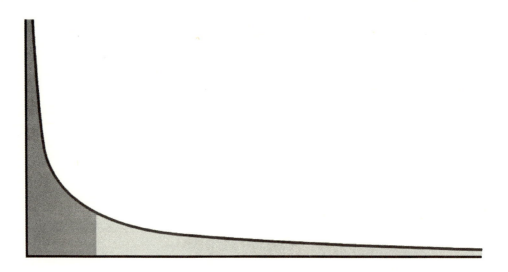

图1-2　长尾效应

而在统计学中，这样的分布叫做幂律分布（Power Law Distribution），看起来和长尾效应是一样的，即一头很高，然后迅速下降并无限接近于某一个值，如图1-3所示。这样的分布在物理学和经济学中经常出现，它能够描述许多自然界与社会现象。除了长尾效应，还有不少地区的个人收入分布也呈幂律分布。这些内容会在下文中具体介绍。

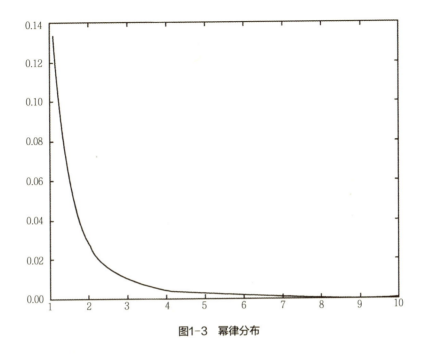

图1-3 幂律分布

学习统计学的一个重要目的是"统计推断"（Statistical Inference），即在各种分布的前提下，用少量的样本数据来推断总体的特征。之所以要这么做，也多少是出于无奈，因为在研究现象的总体情况时，总体对象的范围往往太大，有时甚至是无限的，而由于经费、时间和精力等各方面的条件限制，人们很多时候无法获得全部的数据，所以只能通过科学抽样的方法，先对样本进行分析，再推断整体情况。比如要调查全体中国人的个人收入情况，由于客观条件的限制人们无法调查全部13亿人的信息，所以只能从中抽取一部分对象进行数据收集，通过对少量样本的分析，就能够推断出全中国的个人收入情况。或者如果想知道中国网民的受教育情况，可是这样一个调查困难重重：第一，我们无法确定全中国到底有多少网民；第二，即使知道一个具体的数字，我们也无法去询问每一位网民的教育背景。所以就需要用统计学的方法，对网民进行抽样调查，再得出整体的受教育情况。

❏ 1.1.3
生活中统计学无处不在

人们在日常生活中经常都能够看到统计学的身影，从国家层面来看，最常见的就是国家统计局在每年或者每季度这样的时间节点上发布的统计数字了。这些数字反映了国家过去一段时间经济发展的情况，有了这些数字，人们就能够了解国家经济到底怎么样了；而对于政府来说，有了这些数字，就能够判断未来一年的经济发展情况，GDP增速是"保8"还是"保7"，这些统计数字都是指导政府制定下一步方针政策的重要依据，如表1-1所示：

表1-1 经济指标

指标	2015年全年	2015年12月	2014年全年
CPI	1.4%	1.6%	-2.0%
PPI	-5.2%	-5.9%	-1.9%
PMI	—	49.7%	—
GDP	6.9%	6.8%（第四季度）	7.3%
固定投资	10%	—	-15.7%
新增信贷	11.72万亿元	0.6万亿元	9.78万亿元
出口	-1.8%	2.3%	8.7%
进口	-13.2%	4.0%	3.3%
FDI	6.4%	-5.9%	1.7%
M2	13.3%	—	12.2%

范围再小一些，我们还会看到各种关于中国城市的排名，比如随着城市的发展，我们越来越感觉到，堵车是越来越严重了，特别是在大城市，每逢高峰期，马路就变成了停车场，就算你再着急也无可奈何，只能无奈地等着。那么，到底哪些城市堵车最严重呢？我们来看一下中国主要城市拥堵排行榜，北

京毫无疑问地排在了第一名。其他几座一二线城市也纷纷上榜,这些城市每天的平均车速只有每小时20多公里。不过,如果能够收集到实时交通状况的数据,那么就可以提前告知司机,及早避开拥堵路段。这样的功能现在已经实现了大规模应用,如表1-2所示。

表1-2　城市拥堵排名

拥堵排名	城市	高峰拥堵延时指数	高峰平均车速(km/h)	全天平均车速(km/h)
1	北京	2.056	22.81	27.98
2	济南	2.039	21.23	25.63
3	哈尔滨	1.989	22.91	26.67
4	杭州	1.984	21.19	24.56
5	大连	1.907	21.61	25.92
6	广州	1.885	23.49	26.30
7	上海	1.867	24.69	29.40
8	深圳	1.863	25.44	29.73
9	青岛	1.851	24.80	29.18
10	重庆	1.845	24.89	29.30

来源:高德地图《2015年中国主要城市交通分析报告》

另外一个我们十分关心的话题是环境污染,这些年人们的一个共同感觉就是,空气越来越差,呼吸道疾病的发病率迅速上升,我们对天气情况的描述又多了一个词,叫"雾霾"。可是我们怎么才能知道当天的空气质量到底怎么样呢?单靠肉眼来看是不是有雾,或者靠鼻子闻是不是有烧焦的味道来判断吗?这种方法难以准确断定污染程度,所以我们又知道了一个新的英文缩写——PM 2.5,通过这个物质的含量就能够量化空气质量。现在,我们眼看着阴天越来越多,晴天越来越少,那么哪些城市的空气污染情况最为严重呢?我们可以参考中国主要城市空气质量综合指数的倒数10名的城市，如表1-3所示。

表1-3　2015年空气质量情况

城市名称	空气质量综合指数	PM2.5（μg/m³）
保定	10.41	107
邢台	10.01	101
衡水	9.08	99
唐山	8.97	85
郑州	8.80	96
济南	8.78	90
邯郸	8.73	91
石家庄	8.70	89
廊坊	7.89	85
沈阳	7.52	72

来源：环保部《2015年中国环境状况公报》

知道这些数字有很大的用途。对于国家来说，这些数字指明了哪里污染最严重，哪里需要重点治理。那么对于个人来说，这些城市的居民要尤其做好防尘防霾的措施。同时它也提供了商机，这些数字告诉了你防霾口罩、空气净化器销路最好的市场在哪里，也暗示了哪些地方未来对呼吸科、肺病科医生的需求量会大增。

1.2 大数据时代

科技发展的脚步从来没有停歇,信息传播的媒介与方法日新月异。2012年,一本名为《大数据时代》的畅销书火遍了半边天,作者在书中写道,大数据带来的信息风暴正在变革我们的生活、工作和思维,大数据开启了一次重大的时代转型。而在更早的2011年5月,世界著名咨询公司麦肯锡发布了一篇名为《大数据:创新、竞争和生产力的下一个前沿》(Big data: The next frontier for innovation, competition, and productivity)的报告,其中详细列举了大数据的核心技术,深入分析了大数据在不同行业的应用,明确提出了政府和企业应对大数据发展的策略,并认为,只要给予适当的政策支持,大数据将促进生产力增长并推动创新。同样的,阿里巴巴集团创始人马云认为,如果说如今是IT(Information Technology)时代,那么未来就将是DT(Data Technology)时代。

1.2.1 大数据对生活的影响

我们现在已经进入到了数据时代,而且随着通信技术和计算机技术的进步,大数据离我们越来越近。我们手中的智能手机、平板电脑和家用电脑,无时无刻不在记录我们的信息,从搜索信息、网站网址到购物记录、健康指标、信用等级,只要与网络相连,那么我们的数据会不停地与服务器终端交换,最终我们的信息和数据都会被保留下来。这些数据在相关从业人员看来是一笔宝贵的财富,通过这些海量的数据,服务器将变得比我们自己还要了解我们。

许多行业必将被大数据颠覆，在商业、经济及其他领域中，决策将日益基于数据和分析而做出，而并非基于经验和直觉。一些行业或技术甚至会消失，就如同马车被汽车取代一样。

麦肯锡的报告认为，大数据是指数据量的大小超出了传统数据库软件对数据的收集、处理、管理和分析等能力的数据集。而《大数据时代》则认为大数据具有五个特点：大量、高速、多样、价值、真实。正如上文所说，统计学由于受到各方面条件的限制，通常会抽取少量样本，与之相比，大数据为收集整体数据提供了可能性，因此从某种程度上来说，大数据或许将会更加准确地反映出客观的世界。

关于大数据最著名的一个例子就是谷歌的流感趋势（Google Flu Trends, GFT）。2008年谷歌公司推出了这项服务，因为他们发现，某些搜索关键词可以很好地标示流感疫情的现状，该服务根据汇总的谷歌搜索数据，近乎实时地对全球当前的流感疫情进行估测。2009年H_1N_1病情在美国爆发时，GFT成功预测了H_1N_1在全美范围的传播，甚至具体到特定的地区和州。更为重要的是，它的判断十分迅速，相比于相关卫生部门往往在疫情暴发之后才给出相关信息相比，谷歌成了一个更有效、更及时的预测疫情的指标，这让人们真正体会到了大数据的力量。

谷歌这套预测H_1N_1流感的程序的原理简而言之就是：假如在一个时间段内，某一个地区的网民大量搜索有关流感的信息，那么这其中的原因可能就是，在这个地区有很大可能性存在流感人群。而且因为都是通过计算机指令，所以GFT监测并预测流感趋势的过程十分迅速，仅需一天甚至几个小时。

还有一个例子出现的频率更高，也就是广告推荐。早期网络上的广告千篇一律，大家在一个网站上看到的广告栏里的内容都是一样的；而现在，我们经常会看到广告栏中推荐的商品正好是我们感兴趣或者需要的，这就是因为我们平时在网上购物浏览过的网页信息都会被保留下来，而网站通过特定的算法估计出个人感兴趣的商品，进而给用户进行推荐。

一些新闻网站的手机客户端都会有"推荐"一栏，每个人在手机上看到的这一栏都不一样，这是客户端根据用户平时上网的习惯和阅读新闻的喜好，经过计算得出的用户可能最感兴趣的新闻文章，假如用户平时经常看中超的足球新闻，结果新闻客户端上推荐出来的大部分都是中国足球的文章。而视频网站上也有类似的功能，同样是根据过往的收看习惯和收看的视频内容，找到与用户兴趣爱好最有可能匹配的视频节目推荐给用户。这样用户就不用在海量的信息中寻找自己感兴趣的文章或视频，而是由网站直接推荐给你。

数据量的增大不仅仅意味着单纯的数字的增加，或者在原来已知的基础之上的叠加，而是带来了新的信息和新的知识，是以往"小数据"所无法提供的全新的观察视角，这些都是与以往不同的信息、知识和视角。

1.2.2
数据过多既是负担，也是隐患

虽然数据容量变大会使得许多事情变为可能，但因为数据多往往意味着数据质量的下降，其中会包含很多干扰的信息，这往往会导致最后估计出的结果出现偏差。在《大数据时代》一书中作者认为，在大数据时代，相关性的重要程度将大大增加，而因果性则变得没有那么重要。许多人猜测，大数据的出现会颠覆以往统计学领域"小数据时代"的种种统计方法，使得统计学发生重大变革，但事实证明，传统的统计方法依然具有很高的科学性和适用性。

还是上面那个谷歌流感趋势的例子。虽然谷歌在2009年预测流感的时候一战成名，但之后谷歌的预测并不总是那么准确。2013年2月，《自然》杂志撰文指出，谷歌的GFT预测的流感发生率比实际数据高两倍。在此之前，谷歌的预测结果也多次出现了比实际更高的情况,这令人对谷歌的大数据预测产生了质疑。

而谷歌疫情之所以会报错,是因为谷歌的预测会直接影响到搜索的结果,而搜索结果会反过来影响谷歌的预测。也就是说,一旦谷歌提到了有疫情,立刻就会有媒体报道,那么会有更多的人去网上搜索相关信息,这就会反过来强化谷歌流感趋势对疫情的判断。《科学》杂志的一篇文章称:大数据的分析是很复杂的,但由于大数据的收集过程很难保证像传统"小数据"那样缜密,所以难免会出现失准的情况,也就是出现了所谓"大数据傲慢"(Big Data Hubris)的问题。

对于现在十分常见的新闻"个性化推荐",一些人也是持保守态度的。因为"个性化推荐"只会推送给你那些你感兴趣的内容,比如用户喜欢篮球,那么篮球新闻的推送出现的频率会远远高于其他内容,而其他同样有意义的领域,比如文化艺术,只会离用户越来越远,这样自己在这方面的知识储备只会越来越少。网站收集的个人数据越多,对用户的偏好就会了解得更加透彻,那么推荐给用户的内容就会越来越符合个人的胃口。但是,那些符合胃口的内容,就是对自己有益的内容吗?或许未必。有时这反而会让每个人在自己的小世界当中越陷越深。

有一句话说得好,"如果你手里有一把锤子,那你看什么东西都是钉子"。这句话正好说明了"思维定式"的可怕之处,当一个人的心中有一个预设好的结论,那他看什么东西都会向这个结论靠拢。这是因为人的思维都是有惰性的,当看到与自己的想法相似的观点时,会自然而然很轻松地去接受;而遇到相左的观点时,总是会在心中激起或大或小的波澜,可能这个波澜很小很小,但还是要花费心思向另外一个方向去思考。而如果平时接收到的信息都是经过后台的算法精选后推荐给你的,那只会让你更加难以跳出"思维定式",更加不愿意去接受新的知识。

另外,大数据时代另一个让人担忧的问题就是安全问题。我们在网上所有留下的痕迹都会被别人知道,数据都保留在终端,一些涉密信息也会有被传播出去的风险。

曾经有一篇新闻预测,在若干年之后,随着计算机技术以及生物技术发展到了一个新的阶段,科学家就可以在一个人去世之后,根据他在世期间留下的数据、上网痕迹、个人资料等,利用大量的个人数据复制出一个和他在性情、脾气、习惯、记忆上都十分接近的"人"(或机器)。刚开始听到这个消息我感觉很震撼,深深感受到了科技的力量。可是事后仔细一想,这其实是一件特别可怕的事情,一个人一生当中在主动或者被动的情况下,不断地把自己的信息暴露出去,多到自己难以想象的地步,别人用这一个个数字,就可以创造一个完全一样的自己。

在平时使用搜索引擎的时候,人们输入一个关键词后网站会自动填充出相关的信息,大多数时候这一功能能够方便用户使用,但对于某些人来说恐怕就不是这样了。有一名西班牙男子在使用谷歌搜索自己名字时,会自动出现一篇1998年的文章链接,上面写的是关于他当年因为债务问题,导致自己的房子被拍卖的"负面新闻"。不过他的债务问题早已解决。这名男子认为如今谷歌的这个链接对他的名声造成了损害,所以他把谷歌告上了法庭。2014年5月,欧盟法院判决该男子胜诉,要求谷歌删除相关搜索结果。这里涉及了所谓"被遗忘权"(Right to be Forgotten)的概念,也就是任何公民都可以在其个人数据不再需要时提出删除要求。

事实上,我们的个人信息,总是会有意无意地被暴露在网上,在谷歌的搜索栏中,如果输入一个关键词,网站会根据算法自动填充出最常出现的搜索信息,这些填充出来的信息有可能是正面的,也有可能是负面的,甚至有些是编造的。

随着社会生活和服务日渐网络化,大数据、云计算等信息数据收集、分析、储存技术得到应用和普及，个人信息数据的使用和保护，或者说"个人隐私权"保障，成为互联网时代日益突出的问题。虽然根据这次判例，谷歌要删除一些不当的数据信息，但是在此之外，在互联网的其他角落，仍然有不计其数的各种各样涉及个人隐私的数据，这些我们可能知道，也可能不知道，因此保护个人隐私在大数据时代显得异常重要。

第 2 章

数字的意义

> 数字不仅仅是一个计数的工具,随着技术的进步,数字的应用范围也在不断扩大,从分析到预测,从商业到学术,数字都扮演着举足轻重的角色。本章将介绍几个具有代表性的领域,看看数字是如何发挥作用的。

2.1 预测比赛结果/冠军归属

在我们的生活当中，数字无处不在。如今，数字早已不是简简单单的计量符号，由数字构建起的体系，已经大量地被运用到了各种领域，比如对体育或其他竞技类活动的预测，因为在科学家看来，这些竞技选手们的能力都是可以量化的，比赛的环境同样是可以量化的，把这些量化的结果经过处理后加以对比，就可以预测最终的胜者。

2.1.1 足球博彩与夺冠赔率

如果你是一位体育迷，或者身边有经常收看体育赛事的朋友，那你可能会时不时地听到这样的话："这场绝对是假球！""肯定有人买球了！"以前每到大型体育赛事，特别是出现出乎人们意料的比赛结果的时候，总会有人说是某些公司操纵比赛了，似乎在一些人的心中，强队永远应该赢弱队，冷门就意味着假球，球员发挥不好就是受到了操纵。

其实现代的体育博彩业早已不是那种拿着现金直接去收买运动员了，越是大型的博彩公司，运营得越正规，他们盈利的方式不是去通过非法途径"买球"，而是根据科学而严谨的计算通过赔率来赚钱，这背后的秘密就是数字。

在欧美一些国家，博彩业是合法产业。有的国家要求博彩公司先申请当地的经营牌照，才能进入这些国家开展业务。博彩公司不仅组织体育赛事的竞猜和下注，有时候还会直接赞助球队，并在球队的队服上打上自己公司的名字。

博彩公司主要的盈利方式就是通过比赛的赔率进行"抽水"。对于下注的人来说，如果猜对结果，那么他们将根据赔率及本金获得相应利润；而如果猜错，则本金全部归博彩公司所有。而对于博彩公司来说，他们的收入就是所有猜错比赛结果的人的本金的总额；而博彩公司的损失就是，那些所有猜对比赛结果的赌徒所获得的利润的总额。博彩公司需要做的就是，让损失小于收入，这其中的秘密就是博彩公司开出的赔率。

以足球比赛为例，不同博彩公司的赔率的指数形式以及赔率大小会有所不同，但相同的是，博彩公司会在比赛开始前开出一个赔率，此时参与者就可以下注。在比赛进行当中，博彩公司还会根据比赛发展情况对赔率不断进行调整，改变投注比例，将其控制在盈利区间内，博彩公司就能确保赚钱。

不同地方的投注和盈利方式各异，这里举一个欧洲某家博彩网站的简单例子。一场德国队对土耳其队的比赛，博彩公司在赛前开出的赔率是1.4、4.15、5.35。按照规定，一位下注者如果拿100块钱下注，要是买德国队赢并且猜对了，那么比赛结束后他将连本带利获得1.4×100=140元（其中收益40元）；如果买两个队平局并且猜对了，那么一共将得到415元；如果猜土耳其队赢并且猜对了，则共获得535元，如果猜错了，不管怎么样他都要损失本金100元，并且什么盈利都得不到。由于德国队实力强于土耳其队，所以买德国队获胜所得到的收益要小于买土耳其队，正所谓高风险高收益。

不过这只是赛前的赔率，比赛开始以后，赔率会随着赛况不断变化。假如到了比赛的第50分钟，土耳其队破门得分，以一球的优势领先德国队，那么赔率则会立刻改变，比如可能会变成：2.1、3.14、3.45。因为德国队丢了一个球，所以德国队赢球的难度增加，相应的赔率也会提高。在这时候下注德国队赢球的参与者，如果最终德国队能够获胜，那么他们获利将多于比赛开始前下注的人。而整场比赛中赔率会发生多次变化，下注者们下注的目标和盈利额也会发生变化，只要博彩公司通过调整赔率，影响下注者们的投注比例，并使得这一投注比例落在一定的盈利区间内，博彩公司就能够盈利，即"抽水"，也就是赚取差价。

比赛之前的赔率通常来自精算师之手，他们会综合以往的比赛数据和双方的对阵情况来给出一个赔率；而比赛之中的赔率则更多的是根据参与者的下注情况，以及博彩公司的盈利预期而改变的。当然，上面举的是一个十分简化的例子，如今博彩公司有了更多的新玩法，"让球"等概念的引入，增加各种新的竞猜指标，使得计算更加复杂，但是这其中的原理都是类似的。而且只要投注的人足够多，比赛的进程不发生重大意外事件，那么博彩公司基本上可以保证每场比赛都能够获利。

所以，以后如果再有人告诉你足球比赛都是受博彩公司操控的这样的阴谋论，你大可不必理会。虽然无法保证全世界所有比赛都是公平公正没有被收买，包括世界杯这样的重大赛事的个别比赛也偶有爆出假球丑闻，但是主流的几家博彩公司早就不是靠"买球"来赚钱了。

不过博彩公司也有看走眼的时候。上文提到，除了竞猜单场比赛的结果，现在博彩公司开出的赔率种类花样繁多，比如联赛的冠军归属。2015—2016年赛季英格兰超级联赛最后的结果出乎了所有球迷的预料，之前一个赛季还在保级边缘挣扎的小球队莱斯特城队居然一骑绝尘，力压众多豪门球队，拿下了英超联赛的冠军。更为夸张的是，在赛季开始之初英国博彩公司立博集团（Ladbrokes）提供的夺冠赔率上，莱斯特城夺冠赔率居然是5000∶1，也就是说，如果当时有人下注1英镑，那么在赛季结束后可以赢回5000英镑的奖金。之所以博彩公司敢开如此夸张的一个赔率，就是觉得像莱斯特这样的弱旅夺冠简直是不可能的事，要知道，另外一个曾被开出5000∶1赔率的事件是："猫王"普莱斯利还活着（他在1977年就已经去世）。

但是，"不可能的事"就这样发生了，其后果就是，英国的几家博彩公司需要为此支付的金额总共高达2500万英镑，这也成为英国历史上博彩公司为单一体育项目支付的最大一笔赔付金额，其中立博赔付约300万英镑。这些猜对的幸运儿中有一位，下注了20英镑，最终得到了10万英镑的回报。立博公司的负责人事后表示，莱斯特城的夺冠将改变博彩的形态，他们公司以后再也不会为夺冠竞猜开出5000∶1这样离谱的赔率了。

❑ 2.1.2
高盛预测2014年世界杯走势

体育赛事预测现在不仅仅是博彩公司或者体育媒体的事情，金融公司也开始对体育比赛产生兴趣。2014年巴西世界杯之前，世界最具影响力的一家投资银行高盛集团（Goldman Sachs）发布了一份关于世界杯的预测报告。在这份报告中，高盛不仅做了体育媒体的工作——介绍了所有32支参赛球队的情况，而且还对各支球队的夺冠赔率进行了预测。不过这还不算完，高盛还对从小组赛开始一直到决赛的每一轮的晋级情况进行了预测。虽然和最终真实比赛的进展有一定差异，但是至少四强球队中高盛预测对了三支，决赛两支参赛球队预测对了一支。

高盛的预测是以1960年以来各球队的交战记录的数据为基础，利用回归分析做出的，其中的解释变量包括Elo世界排名、进球数、失球数、具体国家、主客场等因素，通过蒙特·卡罗模拟的方法，得到一个概率分布。在世界杯开始之前，高盛预测的主要球队进入每个淘汰赛阶段的概率如表2-1所示。

表2-1 球队晋级概率

单位：%

球队	进入十六强	进入八强	半决赛	决赛	冠军
巴西	99.0	78.8	71.7	60.3	48.5
阿根廷	92.4	74.8	55.9	34.3	14.1
德国	85.0	70.5	51.6	20.8	11.4
西班牙	84.8	47.0	35.0	21.8	9.8
荷兰	74.6	40.5	28.1	15.9	5.6
意大利	69.0	44.1	12.1	5.6	1.5
英格兰	54.3	34.8	11.8	5.2	1.4
乌拉圭	57.5	34.9	10.1	4.1	1.1
葡萄牙	54.1	30.8	11.7	4.2	0.9
法国	60.3	31.0	13.2	3.0	0.8

比如巴西队小组出线的概率是99%，进入8强的概率是78.8%；而德国队分别是85%和70.5%。随着比赛的进行，高盛也对自己的模型不断进行调整，更新预测结果。对于影响最终夺冠的因素，高盛也对几支热门球队的情况做了介绍。

几个有利于阿根廷队夺冠的因素是：世界排名、曾经获得过世界杯冠军，以及在自己的大洲（南美洲）进行比赛。世界杯之前的国际足联世界排名，阿根廷队一直都是排在前几名，这能在一定程度上反映出阿根廷队的整体实力，这自然是加分项；阿根廷队历史上曾经获得过两次世界杯冠军，拥有这样的足球传统也是优势；而2014年世界杯的举办地巴西，又是阿根廷的邻国，比赛时自然有很多阿根廷球迷涌入球场为球队呐喊助威，这也能够增加球队获胜的概率。高盛将各种因素量化，并赋予不同的权重，最终算出球队夺冠的可能性。

当然，高盛作为投资银行还是要把体育和金融结合起来，比如他们分析了1974年以来世界杯夺冠与债券市场的关系，如表2-2所示。

表2-2 1974年以来世界杯夺冠与债券市场的关系

单位：%

年份	冠军	夺冠前一年回报率	夺冠后一年回报率
1974	德国	2.5	21.8
1978	阿根廷	—	—
1982	意大利	−10.0	−14.6
1986	阿根廷	—	—
1990	德国	45.0	−18.5
1994	巴西	38.7	−3.7
1998	法国	27.7	−11.2
2002	巴西	−13.0	12.4
2006	意大利	1.1	−3.3
2010	西班牙	−19.7	−14.7
平均		9.0	−4.0

表2-2展示的是夺冠球队的国家的证券市场在夺冠之前一年和之后一年的年均回报率。可以看到，夺冠前一年，冠军国家的股票市场回报率普遍较高；而到了夺冠之后一年，却出现了一定程度的下降，特别是20世纪90年代以来这一"规律"比较明显。只有2002年巴西队夺冠，因为在此之前南美的经济危机也波及了巴西，而在此之后巴西作为新兴国家的代表之一实现了快速发展。此外，2010年世界杯西班牙，在世界杯之前的几年一直陷入欧洲债务危机的泥潭，而之后随着一系列的救助政策以及国家内部的改革，经济衰退势头终于实现了减缓。

这当然不能说债券市场回报率的变化都是由世界杯夺冠造成的，只是说这二者之前存在一种有趣的关系。高盛这份报告可以看作是将体育赛事与经济学相结合的一个比较好的例子。

❏ 2.1.3
人工智能预测《我是歌手》冠军归属

以上几个例子有一个共同特点，也就是决定最终的评判结果都是客观的实实在在的，比如足球比赛谁进的球多谁就获胜，这不会出现模棱两可的情况。但是有一些事物的评判则是十分主观的，比如评价画家的作品，每个人的品位都有不同，有人喜欢梵·高、莫奈这样的印象派画家，而有人喜欢达利的超现实主义画作；有人喜欢清新淡雅的国画，有人喜欢色彩浓艳的油画，每个人对于画作的感觉都有不同，对一幅画的评价很多时候是出于主观感受的。

不仅是画作，其他艺术作品也是如此，比如音乐。面对一首动感十足、激情四射的歌曲，摇滚迷和民谣乐迷的评价肯定是不一样的。不少人认为，这种出于内心和主观感受创造出来的艺术作品，是人类区别于机器的最大特点，也是人类难以被机器所取代的地方。

然而，最新的人工智能已经开始挑战这一领域。2016年4月，湖南卫视的歌唱类节目《我是歌手》进入到了决赛阶段的争夺，最终的获胜者是由专业评审、大众评审共同决定的，大家的音乐口味都不一样，每个人对音乐的不同理解都会影响比赛结果。但是，就在决赛开始前，阿里云科学家团队宣布：阿里云人工智能程序小Ai将通过"洞察人心"，提前预测《我是歌手》总决赛歌王归属，挑战电视机前的6亿只耳朵。

这一消息让许多人感到惊讶，因为预测人心要比预测体育比赛的难度更大，没有谁能够保证能够看透人的内心，而且是现场500位大众评委的内心。这里我们先来看一下阿里云人工智能的原理。阿里云小Ai主要基于神经网络、社会计算（Social Computing）、情绪感知等原理工作。此前，小Ai已经进行了大量的学习和训练，并在实战中成功实现交通、音乐黑马等多个领域的预测。对比赛冠军的猜测，是建立在歌手人气、往期排名、现场音准、出场顺序、曲风、音高、社交网络讨论情况等海量数据的处理、提取和建模上实现的。也就是说，阿里云小Ai考量大量的影响因素，做出判断，并综合各类数据给出自己的预测。

可是，人类可以有音乐鉴赏能力，但机器怎么知道什么音乐更符合人类的品位呢？小Ai团队除了工程师、科学家之外，还有多位阿里音乐和专业人士作为教练，"海补"了几百万首歌提升音乐品位和鉴赏能力，自动学习音频的重要特征，在最后形成对歌曲的多维度评价，例如音高、能量、语谱、基频等特征维度，不断训练小Ai对音频及受欢迎程度之间的关联性思维。

在比赛进行当中，通过分析歌手的表现和对海量数据的计算，小Ai每5秒钟更新一下自己的预测结果：

4月8日20点，比赛正式开始之前，小Ai对外预测，黄致列极有可能赢得胜利，之后依次是李玟、李克勤、张信哲、徐佳莹、老狼、容祖儿。

22点，首轮竞演结束，容祖儿被淘汰，小Ai预测正确。随后，小Ai做出调整，张信哲排在其预测排名第一位。

23:30，末轮竞演结束后，小Ai调整预测结果，李玟将成为本季歌王。

比赛结束，李玟获得冠军。

虽然赛前对冠军的预测并不准确，但是在比赛中通过不断的分析和调整，阿里云小Ai的确是成功预测了最终的冠军归属，在这背后，大数据技术的运用功不可没。

●2.2 数字预测美国大选

> 除了体育比赛和综艺类竞技比赛，政治选举同样可以通过数字进行提前的预测。美国总统大选由于制度设置相对来说较为固定，历史数据丰富，所以数字预测选举最常出现在这个领域。

❏ 2.2.1
美国大选的计票方式

这里先简单介绍一下美国的总统选举制度。根据《美国宪法》，美国的总统选举是通过"选举人团"制度（Electoral College）以州为单位进行的。虽然选民在投票时填的是某一个政党的总统候选人（或者说是候选人的两人组合，包括总统候选人和副总统候选人），但实际上普通选民的选票并不是直接记录在总统候选人名下，而是决定最终该州的选举人票。每个州都是一个选举人团单位，选举人会根据选民投票的结果，把选举人票投给在那个州获得选票最多的总统候选人。不过每个州的选举人票数不同，全美国共有538张选举人票，其中各州根据人口比例分配共有435名选举人、100名参议员和华盛顿哥伦比亚特区3名。

美国人口调查局每10年会进行一次人口普查，其结果将决定各州选举人票的数量。美国进行的最近的一次人口普查是在2010年，根据其结果，美国各州的选举人票数如表2-3所示。

表2-3 美国各州选举人票数

州名	选举人票数	州名	选举人票数	州名	选举人票数	州名	选举人票数
亚拉巴马州	9	印第安纳州	11	内布拉斯加州	5	南卡罗莱纳州	9
阿拉斯加州	3	艾奥瓦州	6	内华达州	6	南达科他州	3
亚利桑那州	11	堪萨斯州	6	新罕布什尔州	4	田纳西州	11
阿肯色州	6	肯塔基州	8	新泽西州	14	得克萨斯州	38
加利福尼亚州	55	路易斯安那州	8	新墨西哥州	5	犹他州	6
科罗拉多州	9	缅因州	4	纽约州	29	佛蒙特州	3
康涅狄格州	7	马里兰州	10	北卡罗来纳州	15	弗吉尼亚州	13
特拉华州	3	马萨诸塞州	11	北达科他州	3	华盛顿州	12
佛罗里达州	29	密歇根州	16	俄亥俄州	18	西弗吉尼亚州	5
乔治亚州	16	明尼苏达州	10	俄克拉荷马州	7	威斯康星州	10
夏威夷州	4	密西西比州	6	俄勒冈州	7	怀俄明州	3
爱达荷州	4	密苏里州	10	宾夕法尼亚州	20	华盛顿哥伦比亚特区	3
伊利诺伊州	20	蒙大拿州	3	罗得岛州	4	总数	538

除了缅因和内布拉斯加两个州是采用众议员选区方式（在每个众议员选区的总统选举获胜者各获得一张选举人票，在全州总统选举获胜者获得剩下的两张选举人票），其余48个州和哥伦比亚特区均实行"胜者全得"（Winner-take-all）制度。比如选举人票最多的加利福尼亚州，共有55张选举人票，如果选民投票的结果是民主党候选人票数多于共和党，则55张选举人票全部归民主党候选人所有。这也就是在大选时候经常听到的某位候选人"赢得了××州"的由

来。各州选举人票之和,即为该候选人最终获得的全部选举人票。总选举人票超过半数,即270张,即当选为美国总统。所以这里需要明确的是,美国总统选举结果并不是按照普选的绝对票数而定的,而是要看选举人票数。也就是说,候选人如果选举人票数少,即使他(她)获得了更多的普选票数,那么仍然是失败的一方。

在总统大选时,每个州的程序是这样的(除缅因和内布拉斯加两个州以外):

— 选民在大选当天到各地的投票站投票,选票上填写的是候选人(或者说是候选人组合)

— 各个州进行票数统计,确定某位候选人胜出

— 该州选举人把选举人票投给这位获胜的候选人(也会出现少数"失信选举人",即选举人并非按照普选结果进行投票)

— 统计全国的选举人票,超过270张的候选人获胜

❏ 2.2.2
538网站成功预测奥巴马当选

从上面的介绍可以看出,美国大选其实包含了一个很有趣的数字游戏,这里面有两个关键的数字:一是普选票数;二是选举人票数。普选票数不会直接影响大选结果,但是会决定选举人票,而选举人票又直接决定了谁当选总统。美国虽然有多个党派,不过每次选举都是在两个最大的党派共和党与民主党之间展开,两个党都有占有绝对影响力的联邦州,也就是票仓,比如加利福尼亚州、马萨诸塞州、俄勒冈州、夏威夷州和康涅狄格州一直以来都支持民主党,而得克萨斯州、密西西比州、亚拉巴马州和南卡罗来纳州近几十年来也都是共

和党的票仓。由于大多数州都实行"赢者通吃",所以这些有明显倾向的州的选举人票通常都会毫无悬念地落入各自党派的手中,而竞争党派要想在这些州抢回选票,基本上难于上青天,所以两党通常会把更多的精力放在那些"摇摆州"上,也就是那些没有明确政治倾向、没有一个单一的候选人或政党拥有压倒性支持率以取得选举人票的州。这些摇摆州是两个主要政党在总统选举中的争取目标,会在这些地方投入大量的时间、资金和精力来进行宣传,比如俄亥俄州和佛罗里达州。因此,研究和预测这些摇摆州的选举情况,也成为政治观察家和媒体十分关心的话题。

此外,美国大选制度已经持续了上百年,虽然期间也经过多次修改,但总体上说,选举规则相对固定,历史数据充足,能够为预测提供足够多的信息,因此,预测美国大选已经成为每次大选前媒体的一个固定的"节目"。

以往,热衷于这类预测的大多是政治评论家,他们或者对美国政治有深入研究,或者自己曾经就职于政党内部,对美国的大选以及政治体系了如指掌。通常他们会在电视节目上侃侃而谈,对未来大选结果进行预测。

但是他们这类偏感性的预测很多时候是依靠感觉或者过往的政治经验来做出的,数据并不是他们考察的重点。或者换一种说法,他们或许也看数据,但并不会执迷于数字,因为对于他们来说,个人的经验才是至关重要的。

当然,还有另外一个原因。以往统计学的运用还不如现在这么广泛,而且计算机技术也远没有那么发达。大数据这样的概念也才是近些年来出现的,受制于技术的局限,即使是想单纯用数字来预测,在过去也是比较难的。

但是现在不一样了,人们手里的数据越来越多,关于总统候选人以及各自政党的信息的获取更加便捷,这就客观上为用数字预测大选做好了准备条件。

纳特·西尔弗(Nate Silver)是一位美国作家,同时擅长统计学。他最早的时候通过统计数字预测棒球比赛而进入了人们的视野。事实上,像棒球这样的运动，很早就已经运用了数据分析，电影《点球成金》(*Moneyball*)讲的就是这样一个故事：奥克兰运动家是美国一支规模小、资金匮乏的棒球队，他们的成绩自然也并不出彩。不过球队总经理比利·比恩在巧遇了耶鲁大学经济系的毕业生彼德·布兰特之后，带领球队在之后一个赛季取得了惊人成绩。原因就是彼德·布兰特用统计学和数学的知识，重新评估球员的能力和潜力，根据分析的结果将这些"残兵败将"重新组合，让每位球员都能在各自位置上发挥出自己最高的能力，最终上演了一出体育界的数字奇迹。

纳特·西尔弗对棒球运动中的数字了如指掌，也玩得得心应手。但是棒球毕竟只是一项一部分人关心的运动，即使预测得再准确，纳特·西尔弗也只是在小范围内获得名气。真正让他成为一颗"明星"的，还是他对美国总统选举的预测。

2008年3月，纳特·西尔弗创建了一个名为FiveThirthEight的网站，直译的意思就是"538"，取自美国总统大选的538张选举人票。虽然他之前就已经定期写一些政治评论的文章，但FiveThirthEight网站的建立标志着纳特·西尔弗正式全面地进入政治预测圈。

如果说乔布斯当年是科技界里的偶像派人物，那么纳特·西尔弗就是数据新闻界的超级明星。在2008年的美国大选中，纳特·西尔弗的网站预测的结果显示，奥巴马赢得选举的可能性超过95%。最终的结果是，奥巴马以365张选举人票对麦凯恩的173张胜出，成为新一届美国总统，这一结果与他统计模型的预测结果基本吻合。他依靠对数字的分析，不仅成功预测了奥巴马的胜利，更令人惊奇的是，当时的50个州里纳特·西尔弗竟然压中了49个。

假如说奥巴马是那届总统大选的最大赢家的话，纳特·西尔弗在新闻界和政治预测圈的风头则是无出其右。他这一套以数字驱动的方法论给人一种耳目一新的感觉。

不过，2008年的大选只是小试牛刀。到了2012年奥巴马争取连任的那一届大选，奥巴马与竞争对手罗姆尼的选票差距很小，许多评论员都无法预计哪方会获胜。而纳特·西尔弗不仅在投票当天预测奥巴马有90%以上的可能性获得胜利，而且他对美国50个州投票结果全都预测正确，最终，他击败了许多资深老牌的政治评论家和记者，成功预测了奥巴马的胜利。至此，纳特·西尔弗完全确立了他在政治选举预测中的数据之王的地位。

❏ 2.2.3
统计数字比政治学家更可靠？

纳特·西尔弗在他的《信号与噪声》一书中写到这么一个故事，美国有一档政治类电视节目《麦克劳夫伦讨论小组》，每周日都会对几个政治话题进行讨论，而每期节目的最后都设有一个预测环节，在这个环节中，小组成员用很短的时间讨论当天发生的某件事的重要性，其中就有在2008年美国总统大选前夕，他们曾对奥巴马和麦凯恩谁会当选进行预测。正如上一部分所说，纳特·西尔弗认为奥巴马十拿九稳，但这档节目中的几位所谓美国国内政治专家却有不同观点，比如一位来自芝加哥论坛报的专家认为大选难分伯仲，而福克斯新闻的专家则认为麦凯恩会以微弱优势胜出。当然，最终的结果是这些所谓的预言家都错了。

或许这些专家们的错误判断只是一个个案？随后纳特·西尔弗对这档栏目中近千份的预测报告进行了评估，其中四分之一的预测十分模棱两可，无法进行分析。而剩下的四分之三的预测中，完全错误或者基本错误的共有338份，完全正确或者基本正确的也是338份，如表2-4所示。

表2-4 政治评论家的预测结果统计

结果	份数	比例
完全正确	285	39%
大部分正确	53	7%
部分正确，部分错误	57	8%
大部分错误	70	10%
完全错误	268	37%

也就是说，正确和错误的各占一半。那么，这样的概率实际上就和扔硬币得到正面的结果的概率一样，或者说，就是和瞎猜的概率一样，基本上毫无预测性可言。

纳特·西尔弗对这样的传统预测自然是不屑一顾。这些传统的选举预测多是出于经验积累，很容易受到主观思想影响。而纳特·西尔弗则是完全依靠数据，这些数据来源于民意调查，通过这些数据进行分析，他有一套自己独有的算法来测算，主要的基础是统计学中的贝叶斯理论。他自己没有预设立场，一切都靠数据来说话，得出来的结论通常十分明确，比如"奥巴马的获胜概率为80.5%"，这要比政治评论家们的"奥巴马有很大可能性获胜"的说法更精确。此外，由于美国的民调会定期更新，纳特·西尔弗也可以根据最新的数据不断更新自己的预测结果，并把最新发生的可能会影响投票结果的因素考虑在内。把所有的因素都进行量化，排除主观直觉的干扰，这就是纳特·西尔弗区别于传统政治家的地方。

具体来说，纳特·西尔弗的预测是预先不会倾向于任何一方，而对于传统的政治评论家来说，因为人都是有个人偏好的，所以即使嘴上不说，但心里的天平多多少少都会倾向于某一方候选人，这首先就会对自己的判断造成不利影响。纳特·西尔弗看中的因素，也正如他的书的名字《信号与噪声》，"信号"是他最为需要的有效信息，包括民调数据和选民的性别、种族、政治倾向等，在这浩瀚的信息海洋中找到最有用的信息，排除掉没用的"噪声"，这就是他和他的团队的算法模型的核心能力了。

纳特·西尔弗预测的理论基础是贝叶斯定理，是用来判断某一个随机事件在某种情况下发生的概率，它最基本的公式是：

$$P(A|B) = P(B|A) \times P(A)/P(B)$$

其中A和B都是随机事件，公式中的符号分别代表：

P（A|B）：在B发生的情况下，A发生的可能性；

P（B|A）：在A发生的情况下，B发生的可能性；

P（A）：在不考虑其他因素的情况下，A发生的可能性，即A的先验概率；

P（B）：在不考虑其他因素的情况下，B发生的可能性，即B的先验概率。

一般来说，在事件B发生的情况下发生事件A，与事件A发生的情况下发生事件B的概率是不同的，比如假设事件A表示"出门带伞"，事件B表示"下雨"，那么"下雨的时候出门带伞"的概率，和"出门带伞的时候下雨"的概率是不同的，贝叶斯定理的一个用途就是可以描述这二者之间的关系。

当然，贝叶斯定理还有许多扩展，内容较为复杂，这里还是说回总统大选的预测。总统大选其实就是在某些因素发生的情况下（比如新闻报道了关于候选人的丑闻），另一件事情，即某位候选人当选总统的概率。

在真正投票开始之前，会不断地有新的事情发生，选民的情绪会不断变化，因此，候选人获胜的概率也在随着事情的发展不断变化。纳特·西尔弗的数据比较依赖民意调查的结果，但是美国做民意调查的机构有很多，每一家的调查方法都不一样，所以纳特·西尔弗也要对民调结果本身给予不同权重的分配，不断进行调试。这其中有一点对于纳特·西尔弗来说是很重要的，不管选情如何变化，预测者本人是不应该带有太强烈的主观倾向的，一切的一切都要靠数字来说话，利用模型不断地把新的条件考虑进去，不断优化模型，同时不断更新预测结果。

●2.3 用网络数据帮你赚钱

> 如果说数据意味着商机,那么网络就是一个巨大的宝藏。人们在网上的每一个行为,都会留下数据痕迹。对这样庞大的数据进行处理和分析,就可以看到每个人的偏好,这里面的价值不可估量。

❏ 2.3.1
语意分析——你在网上说过的话都蕴藏商机

我们生活的这个时代是互联网的时代,网络已经成为人们日常生活中不可分割的一部分。而随着技术的不断进步,我们在网络上每进行的一次操作,实际上都能够被记录下来。一个人在网络上的行为代表着这个人生活的写照,而当所有人的信息都汇总到一起,那么反映出的就是整个互联网社会的特征。

一个十分常用的就是"百度指数"。百度指数是以网民在百度上的搜索行为数据为基础的数据指数,在这里可以看到最近网络上搜索的热门词汇以及分布情况等,而网络上的搜索数据在一定程度上反映了整个社会的关注热点。

比如图2-1展示的是"奥运会"一词在2016年的搜索情况,可以很明显地发现,8月搜索量是最大的,因为那段时间正是里约奥运会举办的日子。

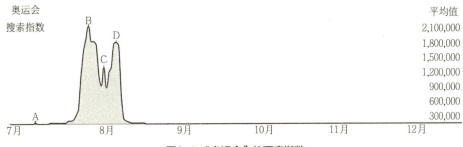

图2-1 "奥运会"的百度指数

当然,这样的结果实在是难以让人满意,因为即使不用查也知道会有这样一个结果。不过下面这个就显得更加有意义一些,展示的是搜索结果的分布,可以看出,广东人民最为关心奥运会,其次是北京,二者的差距不大,排在第三位的是上海,不过与前两名的搜索量呈现出了较大的差距,如图2-2所示。

图2-2 "奥运会"按地区的百度指数

根据用户的消费行为,分析用户需求,然后定向投放促销信息,这是大数据技术带来的新的营销方式。从一个人杂乱无章的购买清单中,经过对比发现了其中的规律和不符合常规的信息,并就此得出一些真实的结论,这就是大数据。

2.3.2
Twitter和Google中隐藏的赚钱秘密

炒过股的人，或者身边有炒股朋友的人，都常常会经历这样的感叹："我本来就想买××股票的，但是犹豫了一下没买，结果现在涨了快××%了，要是我当时……"，人在后悔的时候最希望时间能倒流，人在面临抉择的时候最希望自己能够知晓未来。但是很遗憾，这些在之前看起来都是不可能的，明天会发生什么怎么会有人知道。

据说人类有两个最想实现但却难以实现的愿望，一个是能够飞翔，另一个就是预测未来。人类直接飞翔恐怕难以实现，但是通过飞机这类工具，人们已经可以在空中翱翔。而后一个梦想，无论借助什么手段，似乎一直都难以企及。不管是中国古代的占卜，还是西方的占星术，都无法让人足够信服。

不过，随着数据科学的发展，人类似乎终于离实现这个愿望稍微近了一些，比如在金融市场上。有人说过，金融是信心的游戏。如果市场对预期有足够的信心，那么未来就有很大的上涨的可能性；而如果市场普遍抱有悲观态度，那么下跌就是难以避免的。这也正是平时经常会看到的，一件国际大事发生，金融市场会立即做出反应，不管是股市、期货市场还是黄金市场，涨跌情况每每都会受到外界发生大事的影响，而这些大事会影响市场的预期。所以，如果有足够的技术手段或者更加精准的研究方法，能够判断市场，或者说投资者的心理预期，那么或许就能预测金融市场的未来走向了。

股市是测试预测涨跌手段的好平台，经济学家也发明出各种各样的预测方法。诺贝尔奖获得者尤金·法玛（Eugen Fama）的有效市场假说（Efficient Market Hypothesis）认为，有效市场中的投资人都是理性的，可以对所有市场信息做出合理反应。而行为金融学（Behavioural Finance）认为存在投资者情绪（Investor Sentiment），投资者是非理性的，会受情绪影响。

2015年，三位经济学家发表了一篇学术论文：《网络情绪对国际金融市场影响的量化分析》（Quantifying the effects of online bullishness on international financial markets），作者试图通过分析投资者的情绪变化而找到预测股票市场的办法。这是一篇很典型的分析消费者或投资者行为对金融市场影响的文章，作者借鉴了语言学的分析方法，搜集了Twitter和Google中"牛市"和"熊市"两个词出现的次数作为反映投资者情绪的指标，并与股票市场涨跌情况进行对比，分析二者之间的关系。

这可以看作是经济学与语言学的一种交叉研究，语义分析是经济学家越来越重视的一种研究手段，因为语言反映的是人的心理和思想。1918年，出生于奥地利的哲学家路德维希·维特根斯坦（Ludwig Wittgenstein）在他的《逻辑哲学论》（Tractatus Logico-philosophicus）中写道：

"Die Grenzen meiner Sprache bedeuten die Grenzen meiner Welt."

"我的语言边界就是我世界的边界。"

语言是一种具有内在规则和内在逻辑的符号系统，一方面我们的思想需要通过语言表达出来；但另一方面，思想也会受到语言的局限。语言能够反映出人的思想状态和心理变化，语言学家和心理学家都对此有了长时间的研究。而当经济学家将语言内容加入到其分析框架，或许可以通过语言来发现投资者情绪变化，而情绪变化则影响着金融市场走势。

论文作者定义的Twitter指数是指，如果一条Tweet（推文，在推特上发的信息）中包含"Bullish"（"牛市的"，意为股票价格上涨）这个词，则定义为牛市。这时网络上的人讨论"牛市"比较多，可以在一定程度上反映股票的潜在投资者认为股票可能会上涨的情绪；相反，如果包含"Bearish"（"熊市的"，意为股票价格下跌）这个词，则定义为熊市，即潜在投资者更多地认为股票要下跌。作者收集了2010年到2012年期间约31万条带有英文"Bullish"（"牛市的"）和"Bearish"（"熊市的"）字样的推文。

而对于Google指数，作者并没有使用Google上搜索"Bullish"和"Bearish"两词的数量，因为这个数据得出的结果并不理想，作者认为这可能是由于这两个形容词也经常被用在搜索非金融词汇当中导致的。因此作者使用了两个名词词组"Bull market"（牛市）和"Bear market"（熊市）来代替。对于中国股市则收集了汉语"牛市"和"熊市"的搜索数据。数据都来自于Google Trends（谷歌趋势）。谷歌趋势是由Google推出的一款基于搜索日志分析的应用产品，它通过分析Google全球数以十亿计的搜索结果，得出某一搜索关键词各个时期在Google被搜索的频率和相关统计数据。谷歌趋势现在最细可以提供每分钟的搜索统计。

Twitter指数和Google指数的公式分别是：

$$T_t^B = I_n\left(\frac{1+\|B_t\|}{1+\|R_t\|}\right) \qquad G_w^B = I_n\left(\frac{1+\|B_w\|}{1+\|R_w\|}\right)$$

左边式子的T是Twitter指数，右边式子的G是Google指数。B是"牛市"的推文数量（或搜索结果数量），R是"熊市"。为了便于理解，可以把这两个式子简单地看作是"牛市"一词出现的次数除以"熊市"一词出现的次数。也就是说，"牛市"一词出现的次数越多（即网络上人们讨论"牛市"的越多），这个指数越大。因此，这里的指数其实是"牛市指数"。

然后就是股票市场的选取。作者先是拿两个指数与世界上四个重要的股票指数——美国道琼斯工业平均指数（简称DJIA）、英国富时100指数（简称FTSE 100）、加拿大S&P/TSX综合指数（简称GSPTSE）和中国的上证综指（简称SSE）——进行了对比。图2-3展示了2007年到2012年四个国家股票指数的走势，可以看出，美国、英国和加拿大股票走势很相似，在2008年前有小幅震荡，到2008年金融危机发生后大幅下跌，然后在2009年开始复苏。而中国在2007年股市快速上涨，然后2008年开始下跌，到了2009年小幅反弹后又开始下跌。这其实也是作者选取样本时，除了选择三个发达国家的成熟金融市场外，专门加上了中国,因为中国在市场结构、金融法规、市场成熟度、媒体行为,以及投资者行为各个方面都和另外三个国家不同,所以加入中国可以扩展模型的适用性并验证稳健性,如图2-3所示。

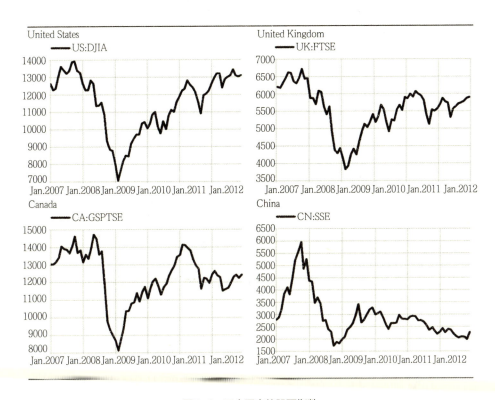

图2-3 四个国家的股票指数

经过把两个指数与投资者的情绪做对比,作者发现二者呈正相关,也就是说,在Twitter和Google上发出或搜索"牛市"较多的时候,也意味着投资者比较看好股市走势。图2-4展示了谷歌指数与这四家股市走势的对比,可以看出二者在趋势上基本重合:

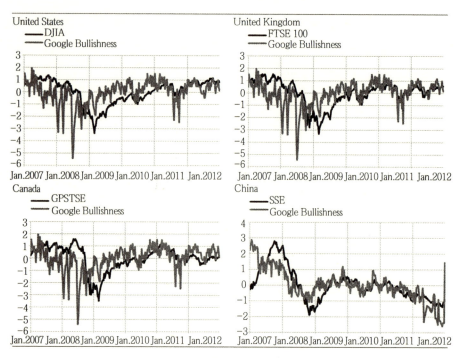

图2-4 股票指数与谷歌指数中"牛市"的对比

但是,这样的趋势重合是否就意味着这两个指数会影响股价呢?如果确实能够产生影响,那么今后这两个指数就有了一定的参考意义;而如果仅仅是很巧合的重合,那么这一结果对于指导实践或许就意义不大了。

2.3.3
利用社交网络数据看股市走势

经济学家不会仅仅满足于这样的简单"配对",接下来,作者又进行了更深入的研究,主要关注的研究问题有三个。

①Twitter指数和Google指数是否相关?

②由于Twitter上的推文都是实时性的，那么Twitter指数与股票收益是实时的影响还是预先的影响（即预测作用）？

③同样的，Google指数是对股票收益实时的影响还是预先的影响？

第一步，在Twitter牛市指数和Google牛市指数的关系方面，作者遇到的一个问题是，谷歌趋势上的数据是每周的，而Twitter则是每天的，所以作者为了时间段的匹配，选取了Twitter每一周的平均数进行比较。作者使用了Vector Autoregression Model（VAR，向量自回归模型），具体如下：

$$\Delta G_w^B = \alpha + \sum_{i=1}^{4} \beta_i \Delta G_{w-i}^B + \sum_{i=1}^{4} x_i T_{w-i}^B + \varepsilon_w$$

其中ΔG_w^B代表在w星期Google牛市指数的变化；T_w^B代表Twitter牛市指数，i代表滞后的星期数。分析结果如表2-5所示。

表2-5 用Twitter指数预测Google指数

牛市指数	系数	P值
ΔG_{w-1}^B	-0.54	<< 0.01***
ΔG_{w-2}^B	-0.30	0.001***
ΔG_{w-3}^B	-0.21	0.02**
ΔG_{w-4}^B	0.009	0.91
T_{w-1}^B	0.18	0.03**
T_{w-2}^B	0.09	0.30
T_{w-3}^B	0.20	0.03**
T_{w-4}^B	0.10	0.20
P≤0.001：***，P≤0.05：**，P≤0.1：*		

注："*"在这里代表统计显著性。

从第四行可以看出，当期的Twitter指数对第二个星期的Google指数变化有显著正影响。但是从第一行和第二行来看，当期的Google指数对接下来两个星期的Google指数的变化都有显著的负影响，作者认为这可能是因为用Google搜索的人在两三个星期之后就把注意力转移到别的话题上去了。另外，作者还尝试把解释变量和被解释变量颠倒位置，即估计哪些因素影响Twitter指数的变化，结果都不显著。也就是说，Twitter指数会影响Google指数，但反之不成立。

第二步，作者研究了Twitter指数和股票市场收益的关系，即Twitter指数对股票收益是否有影响，或者说是否有预测作用。具体的模型如下：

$$R_t = \alpha + \sum_{i=1}^{5}\beta_i R_{t-i} + \sum_{i=1}^{5}x_i T^B_{t-i} + \sum_{i=1}^{5}\delta_i \text{Vol}_{t-i} + \phi_i \text{Exogt} + \varepsilon_t$$

在这里，Twitter的数据都是每日的，其中被解释变量是上面提到的四个国家的股票市场每日的涨跌情况，即收盘价减去开盘价（并取对数）。比较值得关注的一个解释变量是T^B_{t-1}，即前一天的Twitter指数。回归结果如表2-6所示。

表2-6　回归结果

滞后期数	DJIA		SP500		Russell1000		Russell2000	
	系数	P值	系数	P值	系数	P值	系数	P值
1	12.56	0.01***	10.98	0.05**	10.72	0.05**	11.02	0.05**
2	2.27	0.67	2.61	0.65	2.46	0.67	2.66	0.65
3	2.18	0.69	3.69	0.53	4.037	0.48	4.58	0.43
4	-7.81	0.15	-8.10	0.16	-9.99	0.08*	-10.28	0.08*
5	-1.12	0.80	-1.28	0.79	-1.35	0.77	-1.37	0.78
P≤0.001: ***, P≤0.05: **, P≤0.1: *								

注："*"在这里代表统计显著性。

作者分别估计了Twitter指数对美国几大股票指数——道琼斯（DJIA）、标普500（SP500）、Russell 1000和Russell 2000的影响。结果显示，Twitter牛市指数对第二天股价上涨有显著的正影响，也就是说，Twitter上如果讨论"牛市"的多了，那么第二天股市上涨的可能性就很大。

之后作者又把模型简化了一下：

$$R_t = \alpha + \sum_{i=1}^{5}\beta_i R_{t-i} + \sum_{i=1}^{5}x_i T^B_{t-i} + \varepsilon_t$$

作者将这个模型用到了四个国家主要股市的数据上，结果如表2-7所示。

表2-7 第二次回归结果

滞后期数	美国 DJIA		英国 FTSE		加拿大 GSPTSE		中国 SSE	
	系数	P值	系数	P值	系数	P值	系数	P值
1	13.18	0.01*	17.98	0.0005**	14.08	0.001**	8.73	0.09*
2	1.30	0.81	−10.39	0.06*	−5.26	0.26	−3.16	0.571
3	3.03	0.57	11.11	0.04*	8.16	0.08	6.78	0.224
4	−8.79	0.10	−9.85	0.07*	−11.35	0.01*	−2.91	0.601
5	−2.31	0.60	−3.54	0.46	−1.799	0.64	−1.60	0.757
$P \leq 0.05$: **，$P \leq 0.01$: *								

注："*"在这里代表统计显著性。

结果与上面一张表格类似，Twitter指数对几个股票的收益都有显著的正影响，特别是对美国、英国和加拿大股市的影响较大，而对于中国影响较小，系数只有8.73，p值为0.09。对于中国，论文认为一个原因是Twitter在中国无法使用导致的解释力较弱。

第三步，作者分析了Google牛市指数与股票市场收益的关系。这里的模型和上一部分的类似，不过数据变成了每周的。结果如表2-8所示。

表2-8 Google牛市指数与收益

牛市指数	美国 DJIA	英国 FTSE	加拿大 GSPTSE	中国 SSE
ΔG^B_{w-1}	−21.48（0.24）	18.36（0.36）	3.84（0.84）	4.91（0.87）
ΔG^B_{w-2}	6.65（0.73）	23.68（0.27）	16.09（0.44）	20.0（0.53）
ΔG^B_{w-3}	−19.92（0.29）	0.14（0.99）	1.83（0.93）	−16.39（0.60）
ΔG^B_{w-4}	−17.71（0.34）	8.40（0.67）	−7.07（0.71）	−25.84（0.38）
G^B_{w-1}	−24.38（0.32）	33.8（0.26）	13.93（0.64）	25.11（0.71）
G^B_{w-2}	35.87（0.21）	9.26（0.78）	24.54（0.46）	47.40（0.54）
G^B_{w-3}	−30.24（0.29）	−32.76（0.32）	−14.29（0.66）	−63.20（0.41）
G^B_{w-4}	18.28（0.44）	8.14（0.78）	−2.80（0.92）	18.99（0.77）

很遗憾的是,这里不管把Google牛市指数和该指数的变化量滞后多少期,其结果都不显著。也就是说,Google牛市指数对股市没有太大的预测作用。

总结一下,论文发现,twitter指数对股票市场的收益有积极影响,也就是说,Twitter上如果讨论"牛市"的多了,那么第二天股市上涨的可能性就很大。同时,Twitter牛市指数对美国、英国和加拿大股市能够起一定预测作用,对中国的解释力稍微弱一些。关于对中国股市的预测,也许采用微博和百度搜索的数据会得出有趣的结论。

● 2.4 数字与量化对学科研究的影响

这一部分将着重介绍以运用大量数字为特征的量化分析在学术研究中的作用。在传统观念中，只有理工科意味着一定程度的运用数学知识，社会科学大多还是以描述性文字为主。然而随着学科的不断发展，量化分析已经逐步渗透到社会科学当中，以经济学为代表的社会科学早已大量运用数学知识和数据分析技巧。

❑ 2.4.1 定性分析与定量分析

定性分析和定量分析是研究问题的两种方法，定性分析是对研究对象进行"质"的方面的分析，而定量研究则是进行数量特征、数量关系以及数量变化的分析，如表2-9所示。

表2-9 定性分析与定量分析

类别＼两种方法	定性分析	定量分析
分析方法	归纳、演绎、分析、综合、抽象、概括	分析数字
描述方法	文字	数字
侧重点	质	量
研究方法	观察、访谈	实验、调查、统计
目的	参与者的观点、感受和特征，理解某一社会现象	发现规律，寻找相互之间的关系

简单举一个例子：

定性分析：北京和上海距离很远。

定量分析：北京到上海坐高铁也要5个小时。

当然，定性分析和定量分析也并非完全水火不容，现在很多研究都把两种方式结合起来，比如在定量分析的基础之上再做定性研究，通过对数字的分析得出"质性"的结论。

2.4.2
社会科学中的量化研究

如果把自然科学与社会科学放到一起，那么大多数人都会理所当然地把自然科学同定量分析联系起来，把社会科学同定性分析视为天造地设的一对。这种想法其实不无道理，社会科学在早期的确以定性研究为主，比如现在充斥着大量数学的经济学，最早的一本著作是英国人亚当·斯密在1776年出版的《国富论》，这本书基本上是以文字叙述为主，分工、市场等经济学概念都是通过一个个生动的例子来说明的。而社会学同样如此，一直到今天许多社会学的研究依然是通过访谈、调查进行案例分析，力图研究出某一社会现象背后的问题。

不过，这些年来，量化分析被逐步引入到社会科学研究当中，其中经济学是量化最彻底的社会科学，随便翻开一本经济学教材，里面都会充满了大量的数学公式，而计量经济学、博弈论，以及广义上属于经济学范畴的金融学，更是成了十分依靠数字工具来分析的学科。而社会学和政治学这样向来十分依赖定性研究的学科，也开始越来越多地引入定量分析，或者说是经济学和统计学的研究方法。

这里不得不提到一位经济学家的名字——加里·贝克尔（Gary Becker），曾任美国哥伦比亚大学、芝加哥大学经济学教授，1992年诺贝尔经济学奖获得者。它最重要的贡献之一，是将人类的行为纳入到了经济学分析内容当中，大大拓展了经济学的研究范围。试想一下这样的问题：为什么有的人要犯罪？这个问题通常我们要去问犯罪心理学的专家，或者是去问警察。是什么影响了人们的婚姻状况？这得问那些擅长处理家庭关系的人。是什么影响了夫妻生育几个孩子？这个问题，还是问夫妻自己比较好。但是，这些看似与经济学完全不搭边的事情，都被贝克尔拿来，用经济学的方法做出了十分出色的研究成果，他为经济学"开疆扩土"，如今许多经济学研究者的研究内容其实都是贝克尔当年拓展来的。

另外，历史学在大众的眼中，是一门完完全全地依靠文字描述的文科，研究者需要到浩如烟海的历史长河中寻找史料，数字最多只是做一些辅助。但是，"计量史学"，或者叫历史计量学（Cliometrics），则在历史学中加入了计量经济学、统计学的研究方法，力图通过量化历史来展现出被时间掩盖住的故事。

比如有一篇关于中国古代外族入侵的论文，研究的是游牧民族在历史上为什么总是入侵中原王朝。作者使用了几百年前中国历史上自然灾害和气温等数据来分析，自然灾害导致游牧民族经济条件恶化，进而增加入侵中原的可能性。

这也是计量经济学的常见范式。计量经济学是要搞清楚事物之间的因果联系，即某一个条件会对结果产生积极还是消极以及多大程度的影响。这对历史学来说是十分重要的，人们研究历史是为什么？研究历史可不是仅仅为了拍宫斗剧，而是为了搞清楚历史以及历史事件的脉络，从中吸取经验和教训。"以古为镜，可以知兴替。"历史对于我们这样一个历史悠久的国家来说尤其重要，如果你看《三国演义》里的故事，就可以发现里面所有的君主和谋士都熟知历史，在做决策的时候往往都拿历史事件来做比对。到了现在，虽然不是每个人都对历史了如指掌，不过多多少少都能说出一些门道。但怕就怕有很多人并不真正了解历史，不知道从哪道听途说来的历史故事就敢拿出来到处乱说。我们时常听到这样的说法："我给你说吧，清朝灭亡的原因就是……""你看啊，中国历朝历代都是这样，所以人民要起义啊……""要不是因为……，希特勒也不一定会输。",等等。人人都可以谈历史,因为历史的入门比较容易。但是以上这些说法在计量经济学领域是要十分小心对待的,A能否导致B,A对B有什么样的影响,A和B是否有因果联系,这些都需要严谨的证明过程。"自然灾害导致外族入侵中原"这样的结论看似很容易得出,但研究设计、数据收集、计量分析过程都是要花费大量精力和时间的。

有人会觉得,做这些有什么意义呢?这样的结论大家不用那么费事也知道。这话听起来没错,人们不仅能够得出这样的一个结论,还能凭借自己的生活经历推出其他10个结论。在历史问题上,已经不是"一千个读者就有一千个哈姆雷特"这么简单了,而是"一千个读者有一万种历史结论"。但这么随口得出的结论,又有几个是正确的呢?可能说了10个结论,就这一个"自然灾害导致外族入侵"的说法碰巧得到了科学的论证,其他9个都无法证明。这就是统计学中的幸存者偏差(Survivorship Bias),就是只看到了正确的结论,其他更多的错误的结论都被人为忽视了。

计量史学就是要通过历史数据和科学的研究方法得出更为可信的结论,一些有条件发展的更为科学化的社会学科我认为都会朝这个方向发展,历史学如此,政治学、社会学都是如此。当然这里并不是说计量史学得出的结论就一定正确,这涉及数据和分析方法等多个问题,但它的可信度一定是大大高于主观论断。另外,一套成熟的研究方法是学科讨论的基础,人们可能在日常生活中碰到两个人就某个问题争执不下,谁也说服不了谁,很多时候就是因为缺乏一个理论共识基础,或者说是两个人都是基于各自的人生观、世界观得出的结论,基本上等于鸡同鸭讲,毫无意义。这样的共识基础在学术上尤其重要,传统的历史学研究有其已经成熟成体系的理论框架。而计量史学在此基础上加入了同样已经成熟的计量方法,在学术讨论上可以直接明了地集中到某些具体的方面,比如数据的选取和处理、回归方法的设定,问题一目了然,也更容易达成共识。

在美剧《生活大爆炸》里，主角谢尔顿是一个不折不扣的偏执科学天才，所有思考都是围绕着专业的科学知识开展的，数字和计算贯穿在他日常生活中的每一个角落。记得里面有这样一个情节。

一个人问谢尔顿："你难道会把生活中的所有事情都进行量化，再做出判断吗？"

谢尔顿说："当然了！"

对方问："那你怎么量化一顿饭到底好吃不好吃？"

谢尔顿回答："我把饭菜的味道分成几个等级，用1到5来表示，1表示最难吃，5表示最可口。"

这样的思维方式其实在科学研究中十分常见，也就是对于一般只能用各种形容词才能描述的事物，通过数字给予不同的等级，进而实现量化。比如想研究影响某一个地区居民幸福感的因素，那么我们能够想到的需要考虑的变量包括：收入水平、对工作的满意程度、年龄、孩子的数量、是否拥有房产，等等。其中收入、年龄、孩子的数量这些都可以得到明确的数字，但"对工作的满意程度""是否拥有房产"这两个因素就需要转化一下。满意程度就可以用数字1到5来表示，1代表十分不满意，5代表十分满意。而"是否拥有房产"的可能性只有两个，要么有，要么没有，所以这里我们一般用0和1表示，0代表没有房产，1代表有房产，变量名则直接是"拥有房产"，这样的变量被称为"虚拟变量"。在转化成数字之后，所有因素就可以实现量化并进行下一步的分析了。

这就是定量分析的优势，一切都用数字说话，使得结论更加精确，可以实现数学和统计上的运算，也更容易讨论和更正。我们这里当然不是否定传统的社会科学描述性的研究方法，正如上文中所对比的，定性分析也有自己的优势，只不过引入定量的方法，可以从另外的角度来看待问题。

●2.5 媒体也在到处找数据

> 媒体上也越来越多地能够看到数据的身影，正如上文所说，数字意味着严谨，意味着可信度更高，而作为传播信息的媒体来说，数字可以成为其有力的工具。一篇新闻报道如果增加了一些数字，会让文章显得更加客观。

❑ 2.5.1 数字对媒体传播的重要性

现在越来越流行数字新闻，也就是在新闻中加入大量数字，甚至是直接以数字为基础，增加一些文字叙述。许多主流媒体都在网站上开通了"数据新闻"板块，而一些大学则设立了数据新闻专业（Data Journalism）。如今的数据新闻早已不是用Excel制作几个表格那么简单了，而是包括了数据的收集、处理、分析，以及可视化等一系列流程，同时也对新闻工作者的能力提出了新的要求。

让我们随便来看几个知名网站的数据新闻。先来看一下英国的《经济学人》杂志的网站（http://www.economist.com/），这个网站上每天都会更新一个栏目叫作《每日一图》（Daily Chart），作者会将数据进行可视化，制成图表，再配以一篇短文进行介绍。

图2-5是美国加利福尼亚圣何塞地区太阳能板的安装数量，橙色的气泡越大，表示太阳能板的数量越多，从图中我们可以很清晰地看出哪些地方太阳能用得比较多，这比用纯文字描述更加生动。

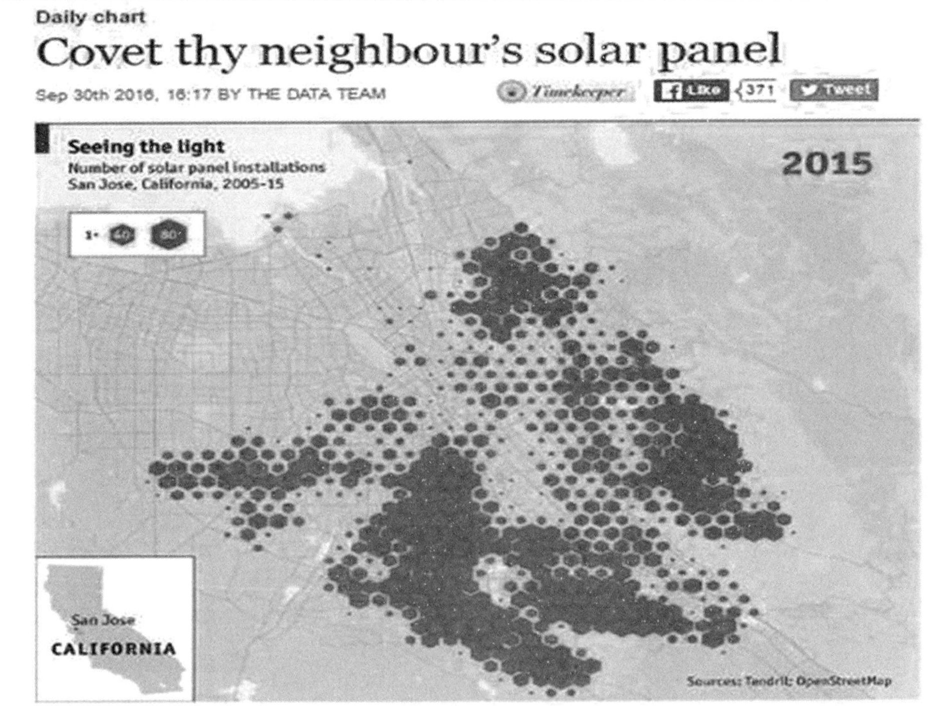

图2-5 圣何塞地区太阳能板安装数量

现在大家最为关心的一个话题之一就是环境问题,雾霾的出现让中国的环境污染提高到了举国关注的程度。最近几年几乎每年冬天,北方地区都要受到雾霾的侵袭。2017年1月,雾霾又一次来临,这一年因为新兴媒体无所不在的影响,使得民众对雾霾的讨论上升到了前所未有的程度。在媒体上传播的各种与雾霾有关的文章中,经常会看到空气污染指数图,如图2-6所示。

以往空气监测软件只能告诉人们一个简单的数字,而有了这样的图,人们就能很清晰地看出来全国各地的空气质量到底怎么样。

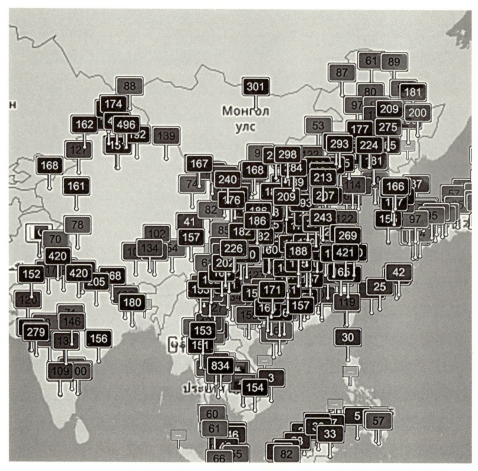

图2-6 空气污染指数

2.5.2
数据新闻和数据可视化的崛起

获得具体的数字只是数据化新闻的一个步骤,因为虽然数字意味着严谨,但数字也很枯燥,对于大多数人来说,一个个冰冷的数字远没有一串深沉的文字能够打动人心，所以如何将数字内包含的信息以一种更容易让人接受的方式传递给读者，也是新闻工作者面临的挑战。这个时候，数据可视化就成为新闻业的另一项任务。

顾名思义，"数据可视化"（Data Visualization）就是将数字包含的信息通过视觉表现的形式提取出来。其实，数据新闻和数据可视化是分不开的，上一章节里面介绍的关于数字新闻的例子，也无一不是与可视化相结合。

关于数据可视化一个比较好的例子是英国广播公司（BBC）在2016年英国举行的脱欧公投结束之后对投票情况做的一个总结。2016年6月，英国举行公投以决定是否留在欧盟，最终的结果是多数选民支持英国退出欧盟，英国成了第一个计划退出欧盟的国家，"英国退欧"也成了这些年来欧盟最大的地缘政治事件。

当公投的结果公布之后，还是有不少人表示吃惊的，因为虽然英国一直并不热衷于参与欧洲一体化事务，但是作为欧洲大国，以及德国、法国等欧洲大陆国家的重要合作伙伴，如此突然地脱离欧盟，着实让人感到惊讶。事后有很多媒体对投票情况进行了复盘，这些媒体运用计算机技术对选票分布以及选民特征进行的分析让人眼前一亮，也解开了人们不少的疑惑。首先来看一下图2-7中持不同观点的选民的分布情况。

主要分布在南边的深色表示支持脱离欧盟，主要分布在北边的浅色表示留在欧盟。可以很清晰地看出，英国南部的英格兰地区大部分人是支持离开欧盟的，而北部的苏格兰地区则清一色地选择了留在欧盟。在英格兰地区，支持留在欧盟的除了伦敦，还有剑桥、牛津等大学聚集区。从这张图也可以大概看出"留欧派"和"脱欧派"的大致分布。

再来看一下图2-8中不同年龄段的选民的投票情况。

左侧深色代表赞同脱欧的支持率，右边浅色代表的是赞同留在欧盟的支持率。年龄上也呈现了很明显的趋势，越年轻的人越支持留在欧盟，而年龄越大

图2-7 英国"脱欧"公投情况

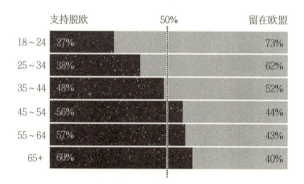

图2-8 选民年龄分布

的支持脱离欧盟的比率越高。一个原因可能是，年轻人更多地感受到了欧洲一体化带来的好处，包括到欧盟其他国家上学、工作都可以不受国界的阻碍，各种文化的融合也是年轻人喜欢的；而中老年人或许更多地感受到的是一体化对原本生活带来的冲击。

还有一个例子，来自一篇关于中国各地区高考难度的文章。中国的高考制度十分复杂，毕竟面对的考生有上百万之多，而且考生的背景、教育环境都有很大差别，高考的目的是要选拔人才进入大学学习深造，但作为国家不仅要考虑通过考试选出成绩最优秀的学生，还要兼顾公平，考虑到每个地区、特别是偏远地区考生的实际情况。

图2-9　2015年清华大学录取率

每到高考，媒体上总是会看到各种关于各省份高考难度排行榜和高考公平性的文章，有的是按照录取分数线，有的是学校录取的人数。不过这些虽然都是数字，但其实十分不准确，无法反映出各省份真实的高考难度。由于省份之间考试题不同，所以单纯比较分数线是没有用的。而由于各省份考生人数又有很大差别，所以比较某一所大学在各地的招生人数也是没有意义的。在那篇文章中作者选用了高考录取率这一指标，就可以避免以上两个问题。

比如图2-9是清华大学2015年在各省份的高考录取率，目的是要看一看各省份的考生在考取清华大学时的难度到底有多大差异。从图2-9中可以清晰地看出，北京和天津地区的考生考取清华大学最容易，而中部省份的难度最大。

之后，文章还比较了北京大学、复旦大学等几所高校在各地的录取率，通过数字比较，并将结果可视化，可以很清楚地看到各地区考试难度的差别。

第3章

数据收集既有技巧又有隐患

在这个时代，数据就是金矿，就是财富。如今各种数据分析软件的操作越来越简便，数据收集越来越容易。不过，数量多并不意味着质量好，相反，许多数据不仅没有价值，还会对我们造成误导。

●3.1 从哪里能够获得数据?

> 既然数据的价值这么高,那么应该从哪里获得数据呢?这一部分笔者将会把数据按照来源分为二手数据和一手数据,两种数据类型都有各自的优缺点。

❑ 3.1.1
二手数据

二手数据是指那些并非为正在进行的研究,而是为其他目的已经收集好的统计资料。二手数据具有取得迅速、成本低、易获取、能为进一步原始数据的收集奠定基础等优点,但缺点是相关性差、时效性差和可靠性低。

不过正是由于二手数据比较容易获取,所以人们许多时候使用的都是二手数据。现在能够获得二手数据的地方有很多,不同的专业领域都有大量提供数据的来源。比如一个比较常见的是国家统计局的数据,这些数据由国家统计局以及各地方统计局负责统计和整理,人们可以很方便地从统计局的网站上免费获得。总体而言,统计局的数据相对准确,涉及的领域广泛,几乎涵盖了经济、文化、社会的各个方面,而且数据范围能够涵盖整个中国。由于中国幅员辽阔,单一的非政府机构或者企业都没有足够的人力、物力来组织持续数年的数据收集,而组织结构完整且庞大的统计局属于少有的能够完成全国性多领域的数据统计的机构。

此外,一些其他机构也会提供各自领域的数据库,比如在经济领域比较常用的是几家提供上市公司财务及金融状况的数据库,还有一些高等院校提供有关全国个人收入状况的统计。这些数据的好处是专业性高,数据的指标较为细致,且更加具有针对性。不过不少数据库需要支付一定的费用(或由高校研究机构购买),个人使用会有一定的困难。

二手数据的一个缺点就是可靠性不足。以上介绍的几个数据来源的可靠性还可以保证,但更多的数据其实是"来路不明"的,因为你完全不知道数据的收集人是如何得到这些数据的。现在要想做一个问卷调查十分便利,微博、微信公众号以及各种问卷调查服务软件都可以很快地生成一个调查问卷。可是,如果直接把问卷放到网上,谁愿意谁就来填写一下,那么问卷得出的结果往往会存在不小偏差。更为严重的一点是,我们往往并不知道收集数据的人在中间又做了哪些数据处理,一切都如同黑箱一样,完全无法保证数据质量。假如我们直接拿着别人这样收集来的数据进行分析,那结果只会是"garbage in, garbage out",也就是说输入的是无用信息,输出的也肯定就是无用信息。

3.1.2
一手数据

与二手数据相对的是一手数据,或者叫原始数据。这些数据由使用者自己直接收集获得,具体方法有访谈、问卷等方式。由于是自己去获取数据,所以数据的类型较为灵活,从观测值到数据指标都可以直接满足使用者的各类需求,同时使用者完全了解数据是如何生成的、可靠性到底有多少,也就是说对数据"知根知底"。

如果我们想避免以上提到的"garbage in, garbage out"的情况发生,那最为保险的方法就是收集一手数据。但是一手数据的这些好处都是建立在使用者有能力收集到高质量数据的基础之上,直接收集数据是一项繁杂的工程。问卷调查看似容易,实际上对专业知识和统计学知识都有很高的要求,从问题的设计、指标的选择，到问卷的排版、被调查人的选择，任何一环如果不符合统计学的原则，都可能直接影响最后的数据质量，进而影响研究的结果。所以在一些大学，数据收集是一门单独的课程，可见其重要性之高。

这还只是一手数据的第一个难点，第二点是调查者是否有足够的财力和人力来支撑大范围的数据收集。从问卷设计到问卷分发都需要一定的物质和精力的投入，如果调查对象数量很少，那就缺少研究的意义；而对象越多，投入就越大，所以比较优秀的一手数据调查都是由机构来完成的。

●3.2 什么样的数据是好数据？

> 有了数据来源，就要判断数据的质量高低。好数据的标准很多，像大数据这样的数据量大的数据集并不一定就意味着是好数据。此外，收集到数据之后，清洗数据也是一项对技术要求很高的工作，也是一个十分有必要的步骤。

❑ 3.2.1
好数据的标准

虽说一手数据对于数据使用者来说会更加熟悉，但是一手数据并不一定比二手数据可靠，这还是要取决于数据是如何收集来的，以及数据的内容到底有些什么。比如好的数据首先要看来源，也就是数据的获得是否有较高的可信度，数据的生成过程是什么。如果数据来自比较大的机构，比如经济合作组织（OECD）、世界银行、世界贸易组织，或者是政府统计机构、有良好声誉的专业数据公司，那么这样的来源一般都还是可靠的。

另外，并不是数据量大的就一定是好数据。如今大数据时代我们已经能够轻易获得海量的数据，但不分青红皂白收集来的数据很可能包含了太多的混杂信息，也就是噪声，这些信息不仅没有用处，反而会对研究造成误导。如果数据采集的对象无法覆盖全部观测对象，那么样本必须具有代表性，并且是随机抽取。

❏ 3.2.2
清洗数据也是技术活儿

当然,刚刚拿到手的数据往往有很多缺陷,很难直接运用到研究和工作中,因此"数据清洗"就成为正式进行分析前的非常重要的一步。

数据中可能会出现的问题有许多种,比如"缺斤短两",即由于收集或录入数据过程中出现的失误,导致有一些数值缺失,解决的办法可以是通过平均数或者其他方式补充、推测,甚至直接删除(不过删除是有风险的,可能会对结果产生一定影响)。还有的问题是格式不统一,有的本应是数值形式的数据被录入成了字符串形式,或者多一个空格或字符,这些都需要处理。还有的是比较明显的不合理的数值,比如一个要统计成年人消费习惯的数据中出现了一个年龄是8岁的数据,这就要考虑是填写的时候出现的笔误还是其他的原因。

清洗数据的目的,就是要获得"干净"的数据。不过,清洗数据需要花费大量的时间和精力,而且很多时候都需要依靠人工筛选,所以也被看作是数据分析中的脏活累活,根据不少人的经验,数据分析有超过一半的时间都是在清洗数据中度过的。

清洗数据是一个很大的话题,这里只介绍几种常见的情况。第一,一个数据集中的数据可能来自不同的地方,先要确定数据来源是否可靠。而有的时候,同一个变量的数据可能有不同的来源,这个时候就需要去验证哪个来源更加可靠。第二,要保证数据的完整性。正如上文所说,我们所需要的数据通常都是不完整的,某些观测值的数据会出现缺失,这个时候就需要一些补全的办法。第三,数据格式要保持一致性。比如数据会出现格式不统一,有的日期是以"年月日"(如2017-10-10),而有的则只有"月日"(如10-11),还有的是用其他分隔符标注的,如2017/10/12,这些都要进行统一处理。此外,还有数据是否合理、是否有重复值等情况。

　　这些都是比较明显的也比较容易处理的问题，而实际上在数据清洗的过程中会遇到各种各样的情况，这就需要数据分析的人对症下药，针对不同问题采取不同的解决方案。

●3.3 你的数据可靠吗

其实,不只是数据清洗,在数据分析的各个步骤中,都有可能因为主观或者客观的原因造成数据失真,无法反映客观事实。这里面有一些是很小的问题,但却会引出很大的麻烦。

❑ 3.3.1
数据来源不可靠

如上文所说,数据来源是数据可靠性的重要标准之一。一些大型机构的数据,比如统计局、国际大型组织(WTO、世界银行等)、口碑良好的数据库服务机构,总体来说数据来源较为可靠。但是,这些机构提供的数据内容毕竟有限,我们平时需要使用的数据,特别是微观数据,很多时候需要通过其他途径获得。

有一些新闻文章中介绍自己的数据来源于某个网站或机构,这时候读者就要小心,因为并不是所有机构的数据都符合统计原则,这类数据就要提防其中的数字陷阱。其中最常见的陷阱就是抽取的样本不具有代表性。例如某一家比较大型的门户网站想调查网民的收入情况,他们在网站的主页上增加了一个填写一些个人信息和月收入的链接。几个星期之后这家网站收集了大量数据,但是这些数据其实并不能真正反映网民的整体收入情况,因为参与调查的对象并不具有代表性,很有可能会出现的一种情况是,由于需要填写自己的收入情况,那么一些收入较低的网民可能并不愿意公开自己的月工资,他们也许会选择不参与调查,这样的话调查结果就会缺少这一部分人的数据而导致样本数据的平均值偏高。显然这样的数据是无法使用的。

这还只是统计方法上的问题，而有一些机构则会直接对数据造假，或者自己胡编乱造一些数字写上，以期待能把自己手中的数据卖出去，这样造成的结果会更加严重。

处理数据存在很多的陷阱，一般来说，要想完全屏蔽掉各种数字陷阱，不被数字所迷惑，难度是相当大的，因为数字的"骗术"种类繁多、变化多样，这里涉及的还都是一些比较常见的欺骗手段，除此之外，还有许多高端骗术，即使具有丰富的专业知识，也很难一下子分辨出来。不过，运用一些手段，比如查清数据来源，就可以在动手处理之前先规避一些风险，节约日后复查的成本。如果标注的是比较可信的来源，比如官方的统计机构或者研究机构，那么来源上至少可以放些心了。而当给出的数字和常识所理解的差别太大，那么就有必要去标注原始数据来源的地方一探究竟了。

3.3.2
对数字本身做手脚

试想一下，某一个国家的一个地区要统计当地的失业率，数据来源是当地负责相关事务的劳动人事部门，他们有相当详细的失业人口登记数据。根据统计数据，上一年度该地区的失业率为9.7%，这一比例应该算是比较高的。但是当地政府为了自己的政绩好看，有意粉饰这一数据，在公布的时候把失业率篡改成了6.7%。由于准确的数字只有当地劳动人事部门才知道，所以如果不做详细的学术分析和研究，这一数据在短时间内很容易蒙混过关。

这就是一种利用信息不对称，直接对数字造假的行为。或者，在科研学术中，一些人为了得到一个比较好的结果，会直接把数字擅自更改，把实验结果中的数字改成符合自己预期的数字。比如在一个回归结果中，本来一个预期是正向影响的变量，得出的系数结果却是负数，有人可能就会手动地把负号删除掉，以使结果符合预期。这样的手脚自然是难以察觉的。而在新闻报道中，一些作者为了让文章达到自己想要的效果，会直接篡改数字或者编造数字。这些行为都十分恶劣，一是因为这样操纵数字一开始很难被人察觉；二是大多数人也不会花费时间和精力去复核这些存在疑问的数字，但这些被篡改后的数字具有很大的欺骗性和误导性；三是那些原始数据其实是数据分析的第一步，如果从第一步开始就是错的，那么后面再专业的分析也都毫无用处了。

在学术圈中，很多学者一直在倡导研究的"可重复性"，意思是其他人用同样的数据或同样的方法能够得到同样的结果，一些学术期刊还会要求论文写作者公布自己所使用的数据，这样做的一个目的就是为了防止研究者私自篡改数字和研究结果。但这样的倡议更多地停留在学术界，日常生活中我们看到的文章报道很难保证其中数字的准确性。

❑ 3.3.3
对数据后期处理过度

这一问题和上一点类似，只不过作者并不是赤裸裸地直接篡改数字，而是由于主观或者客观的原因，对数据进行了过度的处理，从而导致数据失真。

举一个处理极端值的例子。极端值就是一组数据中特别大或者特别小的数值，这些数据可能会破坏数据的稳定性，从而影响最终的结果，所以一般来说都要先对极端值进行处理。处理极端值的办法有很多，比如缩尾、取对数，甚至可以直接删除极端值。可是如果处理不慎，可能会对整个结果造成很大影响。比如一个社区的人均月收入样本中有5个人，其中前4个人的月收入分别是4000元、3000元、2500元和4500元，而第5个人的月收入为30000元，这一数字远超前四个人，但是如果直接把这个极端大的值去掉就属于过度处理，因为这样会严重影响平均数的计算，所以就需要对其进行更细致的分析和处理。

对于数据被人为过度处理，可以尝试着通过数个指标之间的相互验证来做一个初步的检验，能够在一定程度上对数据的真假得出一个大致的判断。比如说，一般而言，特别是对于传统行业来说，公司的规模和营业收入是呈现正相关的，也就是说，人数越多，营业收入可能会越高。如果一家传统行业的企业只有不到10个人，而营业收入却高得十分离谱，那么这就值得警惕了，有必要进一步去验证数字的真假。

●3.4 样本选择不完善

数据陷阱的一个典型例子就是样本选择不完善,它指的是以个别样本的性质来代替整体情况,这是数据陷阱的一种很常见的形式,这种方式很具有迷惑性,而实施的方法又特别简单。

❏ 3.4.1
样本选择与整体数据

首先这里强调一下整体数据和样本数据的关系。**整体数据就是我们想要知道的对象的数据**,比如说如果要调查全中国人民的年收入情况,那么全中国13亿人的收入就是我们的整体数据。但实际情况是,由于整体的数量过于庞大,我们无法得知13亿人当中每一位的收入,所以这个时候就需要通过样本数据来推断整体情况。这里的样本数据要比整体小得多,但只要这个样本具有代表性,那么我们就可以使用统计方法来推断出一个较为可信的整体数据情况,即13亿人的收入水平。

不过难点就在于如何抽样才能让样本数据具有代表性,假如稍有不慎就会很容易犯"以偏概全"的错误。这里我们不具体介绍科学抽样的原则,只是举几个生活中十分常见的例子。第一个还是关于收入水平的。如果你生活在一个中型以上的城市,有一份体面的工作,那么你周围的人的工资水平可能每个月会在5000元以上,如果在北上广这样的一线城市,那么工资水平肯定会再高一些。再加上我们都已经知道,中国的GDP水平已经排在世界第二位,所以有些人会误以为中国人的人均收入也已经提高到了一个不错的水平。但事实上,根据国家统计局的数据,2015年全国居民人均可支配收入为

21966元（每月1830元），其中城镇居民人均可支配收入31195元（每月2600元），农村居民人均可支配收入11422元（每月952元）。这还只是平均数，由于社会上收入最多的一群人总量极少，所以如果看了收入的中位数水平，那么实际情况会和感觉中的差别更大。至于平均数和中位数的差别，会在下文中介绍。

再举一个例子。这些年智能手机的发展可谓是突飞猛进，在中国国内不断有新的国产手机厂商崛起。最开始有"中华酷联"（中兴、华为、酷派、联想），到如今只剩下华为还属于第一梯队。而国际市场上多年来一直是三星和苹果两家最受欢迎。如果你生活在北京、上海这样的大都市，那你身边使用iPhone的人肯定要多于其他地方，或许你就会认为很多中国人都在用苹果手机。虽然，中国市场对于苹果来说的确十分重要，到2014年年底，中国超过美国，成为iPhone全球最大的消费市场，占全球总销量的35%。但根据IDC的数据，2016年第二季度，苹果在中国市场所占份额只有8.6%，排在第五，排在之前的都是国产品牌，分别是华为、OPPO、vivo和小米。如果说一线城市能够看到许多世界大品牌的手机，那么到了二线城市以下，特别是三四线城市，其实是OPPO和vivo等国产手机的天下。

如果没有经过细致的调查，我们每个人眼中所看到的、日常所接触到的永远都只是片面的，都只是社会中很小的一部分，这样的样本只能代表我们所接触的群体，而无法扩展到更大的范围。

3.4.2
样本选择偏差：失之毫厘，差之千里

选择偏差就是指样本的选择由于不符合随机性等统计抽样原则，从而导致无法准确地反映整体情况。分层抽样就是统计学中从统计总体抽取样本的方法：将抽样单位按某种特征或某种规则划分为不同的层，然后从不同的层中独立、随机地抽取样本。从而保证样本的结构与总体的结构比较相近，进而提高估计的精度。

针对上面的全国人民收入水平的例子，如果要抽样，那么首先就要把社会上各个群体都顾及，比如各个年龄段、各种职业、各个地区，同时抽样要遵循随机性原则，进行分层抽样，这样的样本选择相对来说才能科学。

一个例子是，某一篇关于中国网购情况的新闻报道，作者在网上对上万名网友进行了问卷调查，得出的结论是，70%的受访者在购买商品时会优先选择网上购物，只有30%的消费者会最先考虑通过线下的商场等其他方式选购商品。文章因此得出结论：实体的商场即将消亡。

文章看似有理有据，而且实体商场规模的萎缩也是我们能够看到的事实，但文章其实存在巨大的硬伤。且不说一万人的样本量是否足够大，单说问卷调查的对象只选取了网络上的网友，这一点就会造成选择性偏差。因为网友这个群体本来就是对网络的依赖比较强的一群人，他们自然也会更多地选择网络购物；而不少倾向于在实体店购物的消费者可能平时上网不多，参与网络问卷调查的就更少，所以这篇文章的调查结果肯定会造成网络购物比例偏高的现象。

1936年的美国总统大选，让人记住的除了推行新政的富兰克林·罗斯福成功连任以外，还有就是统计学错用造成的笑话。当时美国著名的杂志《文学文摘》(The Literary Digest)会在每次大选之前对读者进行问卷调查，预测总统大选结果。在此前的1920年、1924年、1928年和1932年的四次美国总统大选，《文学文摘》都准确预测了大选结果。这次他们延续了这一传统，利用邮寄的方式向读者发放了1000万份问卷调查，最终收到了230万份回复。这一年的总统候选人是来自共和党的艾尔弗·兰登和来自民主党的富兰克林·罗斯福。通过对回收过来的两百多万份调查结果的分析,《文学文摘》预测艾尔弗·兰登会获得胜利。可是,大选的最终结果却狠狠地打了《文学文摘》的耳光：民主党候选人罗斯福以绝对的优势获得了大选的胜利。

《文学文摘》错误的根源就在于样本抽样存在严重问题选择性偏差。第一,《文学文摘》的读者群体中大部分是共和党人,那他们自然更多会表示支持共和党候选人兰登。第二,由于邮寄的调查问卷属于自愿参与,那么进行回复的读者多是对政治关心、参与热情高的人,根据后来的分析,这群人大多都是反对罗斯福的,因此这样的样本选择并非属于随机样本。第三,既然是抽取样本,就需要先有一个备选的对象范围,而这1000万份问卷是按照政府车辆登记册和电话号码簿上的名单寄出的,可是在20世纪30年代,拥有汽车和电话的大多都是收入水平高、社会地位高的美国人,这部分人很多都是支持共和党候选人兰登的。

而就在同一年,一家刚刚成立一年的民调公司也尝试着对总统大选进行预测。这家公司的创始人就是对新闻传播和统计学都颇有研究的乔治·盖洛普(George Gallup)。1935年,盖洛普在美国的普林斯顿成立了美国公共意见研究所(American Institute of Public Opinion),也就是现在的盖洛普公司的前身。这家机构虽然主要从事公共事务中的民意调查,但相比于经验丰富且经历过多次实战洗礼的《文学文摘》来说,不管经验还是名气都要差许多。而且在这次大选预测中,相比于《文学文摘》投放出去的1000万份问卷,盖洛普只抽取了50000人作为样本,规模上也要小得多。但是,盖洛普的抽样方法采用的是更加科学的分层取样,他们对受访者进行了进一步的细分,包括种族、性别、教育程度、年龄等因素都考虑在内,把误差保持在最低。最终,盖洛普成功预测了罗斯福将当选总统。

这次大选之后,这两个用不同抽样方法的机构走上了截然相反的两条路。两年之后的1938年,《文学文摘》停刊,退出了历史舞台。而盖洛普则凭借此次预测名声大噪,他所发明的民意调查成为日后政治家和媒体人观察大选的重要组成部分。盖洛普民意调查此后成为美国大选的重要参考指标，其机构亦成为最具指标性的选举民调机构。从1936年开始到2008年，盖洛普只有两次总统大选预测错误，其余的全都预测成功。盖洛普如今也成为世界上最著名的民意调查机构之一。

3.4.3
幸存者偏差：你经历的不一定就是真的

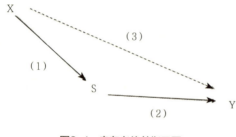

图3-1 幸存者偏差指示图

幸存者偏差和样本选择偏差有类似的地方，但也有不同点。幸存者偏差是指过分强调某几个典型事例而忽视其他的证据，当事人没有意识到自己已经提前进行了一个筛选的过程，从而造成以偏概全的情况，如图3-1所示。

幸存者偏差可以简化成上面这张图。X、S和Y是三种事物或现象，本来X和Y是没有什么关系的，但是S的出现使得X和S联系到了一起，而S看起来又和Y有关系，所以有人就会把X和Y之间建立起了一种虚假的联系。

举几个例子来说明。生活中经常听到有人说以前的东西质量都特别好，比如家里用了十几年的桌椅到现在还能用，而现在商家生产的产品用了没多长时间就坏了，这样就得出一个结论：老的东西质量就是好。在这里，X代表所有老旧的物品，Y代表质量很好，而S就是那些现在用起来质量还很好的老旧物品。正是因为S的出现，才使得X和Y被联系到一起的。

但是，我们的社会发展了这么多年，经济增长了这么多，难道现在生产的商品质量还不如几十年前吗？当然不是这样，这里就是一个典型的幸存者偏差，以前的东西（X）能够留到现在的是少数，大部分商品都在这么些年的时间里坏掉而被淘汰，留下来的那些的确是质量出众的（S），但这些都只是少数几个"幸存者"，如果加上那些随着时间的推移被淘汰掉的产品，那么现在产品的平均质量应该是好于过去的。

还有，现在中国的电影工业发展很快，每年能看到的国产电影越来越多。2015年，全国电影总票房达440.69亿元，同比增长48.7%。中国的电影票房仅次于美国，成为世界第二大电影市场。2015年国产电影票房达271.36亿元，占票房总额的61.58%。81部票房过亿的电影中，国产电影占了47部，观影人次超过12亿。这其中一种新的电影形式——网络大电影更是异军突起，成为人们随时打开网页就能够观看的电影。

一边是不断有大量新的影片上映，而另一边却是影迷们越来越多的抱怨声，国产影片是很多，但很多都是烂片，有人甚至戏称，中国电影票房世界第二，烂片世界第一。特别是网络大电影更是被人诟病，因为很多都充斥着低俗化和恶趣味，完全无法称得上是电影。

这个时候有人就会怀念过去的国产电影，并拿出一些老影片来告诉大家，"看看过去拍的电影多么多么有味道，真是比现在的电影好多了。"

我们当然不能排除老一辈电影人对待电影事业或许更加认真，过去也没有那么多资本的诱惑，或者说压力，电影人可以把重点更多地投在拍电影这件事上来。而现在的电影发行方、拍摄方则要花更多的精力去处理电影以外的事情。可是，这里也存在幸存者偏差的问题，现在大多数人能够看到的国产老电影，基本上都是过去几十年里最优秀的国产电影，只有这些电影经过这么多年还能继续被人们记住，而更多的曾经的国产烂片，早就被人遗忘了。

还有一个故事也经常在社会上流传。全世界人人知晓的比尔·盖茨是一名成功的企业家，年轻的时候创立了微软公司，成了一位影响历史进程的人物，但是他并未完成大学学业，当年是从哈佛大学退学而创业的。另一位高科技领域的传奇人物，苹果公司创始人乔布斯同样是没有上完大学。更为年轻一些的扎克伯格也是中途从哈佛大学退学，才逐步创造了自己的Facebook商业帝国的。几位最具传奇性的标杆人物十分巧合的都在大学期间选择了退学，这一现象就被一些人解读为：读书其实根本没有什么用，看看这几位最成功的企业家都没有上完大学。

这个问题与上面的例子是一样的，在这个例子中X代表所有大学辍学生，Y代表事业上取得成功，而S则是那些辍学企业家。可是，每年全世界退学的大学生有那么多，最后能够成为成功企业家的也只有那么几个，我们看到的只能是那几个少数"幸存者"。如果把观测的企业家范围进一步增加，那么就能够看出一个不一样的景象。这里来看一下全球估值前50名的独角兽公司①的创始人的学历，根据清华大学袁晓辉的一篇文章，这50人当中只有4人中途辍学，而90%的创始人拥有大学本科或以上学历，70%的创始人毕业于全球大学排名前100的大学，约20%拥有硕士及以上学历。这些人在大学中学习科技类专业的最多，其次是经济类，如图3-2所示。

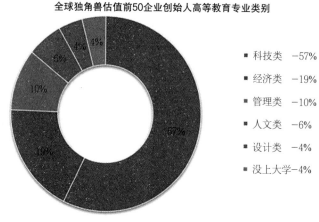

图3-2　全球独角兽估值前50企业创始人高等教育专业类别

---

① 独角兽公司（Unicorn Company），金融投资术语，即估值10亿美元以上的创业公司（非上市）。

类似的例子还有很多，比如那些有关彩票的新闻，总是会爆出有人买彩票中了大奖，从此过上了衣食无忧的生活，同时附加上这个人中奖的秘诀，例如数十年来只买一个号，或者因为当天的一些机缘巧合随便选择了某一个号码，最关键的是这些中奖人都是像你我身边的普通人。总之就是想告诉人们，彩票中奖是有可能的，而且一次投入小，获利却很丰厚，并且中奖并不需要特别高的技术，任何一个普通人都有可能中奖。但事实上，买彩票的人数不胜数，能中大奖的人却寥寥无几，大多数人只能去当"炮灰"。而不管是彩票新闻的媒体，还是彩票投注站，如此大规模地宣传中奖信息，无非是因为他们都是彩票的利益攸关方，通过宣传普通人买彩票也能中奖可以刺激更多的人去买彩票，这样对于这些人来说自然是有好处的。

最后再举一个例子。有许多人都相信算命，也有许多人都经历或者听说过有人算命或者预测得特别准。本书在这里不会去讲风水这类事情，因为其中太过复杂而且也有很多难以解释的现象，这里只说关于体育比赛预测的问题。比如某一年正好举行世界杯足球赛，小组赛结束之后进入16强的淘汰赛，两只球队就必须要决出一个胜利方晋级下一轮。这个时候，如果你在每次比赛之前都会收到一个陌生人发来的电子邮件，发件人在上面告诉你说他有内幕消息，可以提前知道比赛结果，还告诉你说，你信不信他都没有关系，也不用花钱，但他在比赛前会告知你这场比赛的结果。发信人最后写上了A球队会获胜晋级。结果比赛结束之后，果然A队赢了。不过你可能并不在意，那个人或许就是运气好罢了。

到了下一轮淘汰赛之前，你又收到了那个人发来的电子邮件，他又预测了B队会获胜。比赛结束之后，果然B队赢了。这时你可能觉得他还是运气好而已，但对这个人有了一些印象。到了第三轮淘汰赛，也就是半决赛，邮件又来了，对方又预测了一支球队会晋级，结果他又预测对了。这时你可能就会心生疑虑，或者是心生好奇，难道对方真的有内幕消息，怎么每次都能猜对？

过了几天，马上就要到决赛了，比赛前你再次收到邮件，但这次他没有直接预测比赛结果，而是告诉你说，他已经得到消息谁会是冠军得主了，如果告诉你，那你就可以在赌球网站上下注，肯定能大赚一笔。但是，这个预测结果他还不能说，因为需要你支付一笔小小的费用才可以。当你看到这个邮件，联想到之前几场这个人全都预测对了，所以对他也有了一定的信任，而且这笔费用也不算多，不如就把钱给他，然后自己就可以大赚一笔了。随后，你就把钱转账过去了。

如果真是这样，那么毫无疑问，你肯定是上当了。

这个把戏背后的逻辑其实很简单。假设这个骗子先随机给10000个人发邮件，因为到了淘汰赛比赛结果只有胜和负两个，所以他在比赛开始之前给其中的5000人发邮件说A队会赢，给另外5000个人说A队会输。比赛的结果如果是A队赢，那么他就不会再给那第二组的5000人发邮件，而是会继续联系那第一组的5000人。在下一轮比赛前，给其中的2500人发B队会赢，给另外的2500人发送B队会被淘汰。比赛结果是B队赢，那么这2500人被放弃掉，继续联系前面的2500个人。就这样，到了决赛开始前，会还剩下1250人，而这1250个人，之前收到的所有邮件都是这个骗子完全准确的预测结果，这当然不是因为骗子能预知未来或者有内幕消息，而是因为这1250个人其实都是经过"筛选"的，那些其余的8750个人就是被过滤掉的部分。这剩下的1250个人，由于之前收到的预测都是正确的，那么很有可能会放松警惕。这时在决赛开始前，骗子会给这全部1250个人发邮件，内容和上面提到的一样：要想知道比赛结果，就需要先交一笔费用。此时有些人很有可能就会因此中招。想想看，如果把开始假设的群发邮件数量的基数增大数十倍甚至上百倍（因为群发邮件的边际成本很低，几乎可以忽略不计，只要能够提前得到电子邮箱地址），那么最后那些"幸存者"的数量还是很庞大的，虽然大多数人警惕性都很高，但即使只有1%甚至0.1%的人会上当受骗，转账给骗子，那么骗子的收入仍然十分可观。

　　所以，幸存者偏差在生活中常常会遇到，它的原理虽然听起来很简单，但实际上有时候却很难辨识。如果掉入到幸存者偏差的陷阱，那么得到的结果可能与事实恰恰相反，并且会产生严重的误导作用。

第 4 章

相关性与因果性

相关性和因果性是统计学中的两个基本概念，在日常生活中运用很广。这两个概念看起来有一定的相似性，但实质上有很大不同。如果混用这两个概念，会对分析结果造成很大影响，甚至会让人啼笑皆非。

●4.1 相关性与因果性的混淆

> 数字陷阱的另外一个常见表现形式就是混淆了相关性和因果性的关系。相关性的背后或许包含着因果性,但这并不是百分之百确定的,需要进一步的研究。如果在没有详细分析的情况下,就用相关性来代替因果性,那便会混淆视听。

❑ 4.1.1
相关关系不一定意味着因果关系

相关性和因果性是两个十分容易搞混的概念。相关关系是指,当某个相互联系的变量取一定的数值时,与之相对应的另一变量的值按照某种规律在一定的范围内变化,指的是一种关联性,显示两个变量之间线性关系的方向和强度。方向可以是正向的关系,也可以是负向的,而关联的强度可以很强,也可以比较弱。因果联系则更倾向于一种"引起"和"被引起"的关系,一个因素的变化导致另一个因素的变化。

比如身高和体重有正相关关系,通常来说,身高比较高的人会更重一些。但是一个人体重的增加就是由于身高造成的吗?有可能,但饮食、运动,以及身体体质都会造成体重的变化。另外一个例子,鸡一叫天就亮了,这是相关关系,但是天亮并不是因为鸡叫,所以二者没有因果关系。

对于科学研究来说,因果关系十分重要。比如在经济学当中,想要研究政府对企业研发活动的补贴资金对企业专利申请数量的影响,如果只是单纯地发现政府的补贴资金上涨,那么企业专利申请量也上涨的话,这就无法说明是补贴资金导致的专利数量增加,因为这里并未控制其他变量的影响,或许这背后的原理是，政府补贴资金增加是因为政府财政收入提高了，政府财政收入提高是因为当地的GDP提高，而GDP提高能够带动企业参与更多的研发活动，申请更多的专利。如果背后的逻辑是这样的，那么这就和政府补贴资金没有什么关系，也就无法评估这项政策的效果了。所以，做实证研究的经济学家是绝对无法接受简单的相关关系的。

类似的，在企业市场调研活动中，想要知道某一个广告投放对产品销量的影响。如果只看广告投放量与销量的数据对比图，发现销量会随着广告投放量的增长而增长，这样就做出判断，认为广告投放很有效果，是不够严谨的，因为影响销量的也可能不是广告投放，这二者之间呈现的正相关关系或许只是一种巧合。如果这其中的关系搞错了，那么就会直接影响到公司下一步的营销计划和成本控制。

4.1.2
购物网站怎么会知道我想读什么书

在《大数据时代》一书中，作者认为，相比于以往的统计方法，大数据更加关注相关性而非因果性，也就是说，在大数据的世界中，人们已经不太关心一项营销策略是否就是直接影响业绩的主要原因，而是关心事情之间的相关联系。

假如一个很爱读书的人经常在网上买书，那么过不了多长时间，这个人就会在网页上看到网站显示的其他书籍的广告，有些可能还真的是很对胃口。或者一个人如果经常在网上看电影，那么肯定会经常收到网站的电影推荐。而现在很多新闻软件的手机客户端，也会根据读者的阅读偏好，显示读者可能最感兴趣的新闻。

这是相关性的一个最常见的体现，就是做各种推荐，也是"推荐算法"的一个很好运用。也就是说，网站会通过用户在网络上的一系列行为活动，来寻找特定的模式，进而对用户进行特殊的推荐。这些行为活动包括用户在网上的购买记录、点击链接记录、评价、下载行为等。推荐算法的种类很多，对于许多网站来说，对用户做合适的推荐十分重要，因为只要推荐的内容符合用户的兴趣，那么用户会更多地使用这个网站或者软件，用户使用得越频繁，对其依赖性也就越大。用户黏性的增加对于互联网企业的发展很关键，有的新闻客户端就是由于强大的推荐算法和对用户的精准推送，从一家默默无闻的小企业一跃成为市场占有率最高的APP之一。而一些电影网站，还会举行相关算法的比赛来解决实际问题，并发现新的IT人才。

❑ 4.1.3
"神奇的"相关性

尽管相关性在当今互联网世界的重要性如此之高，但是，如果把相关性和因果性搞混淆，那仍然会造成很多让人啼笑皆非的事，比如图4-1展示的是美国游戏厅的销售总额与计算机专业博士毕业生数量的关系，可以看出二者高度相关。那么这样就可以说，IT博士毕业得多了，电子游戏厅的生意就会变好吗？IT专业的博士都是电竞达人或者游戏爱好者？当然不是这样，这二者之间的正相关关系仅仅是个巧合而已。

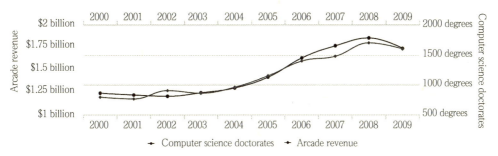

图4-1 美国游戏厅的销售额与IT专业博士毕业生数量

图4-2是日本乘用车在美国的销售量与驾车自杀数量的关系,同样是高度相关,但这并不意味着日本车在美国卖得好了,开车自杀的人就多了。一个猜测是,日本车在美国卖得好了,可能意味着汽车行业整体的销量都比较好,开汽车的人多了,那么开车自杀的人数自然也会升高。当然,具体的逻辑还是需要更多的数据支持和更细致的分析。

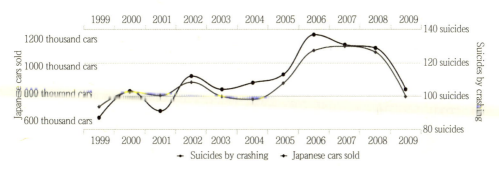

图4-2 日本乘用车在美国的销售量与驾车自杀数量

类似的还有一个十分著名的例子——可口可乐的销量与溺死的人数呈正相关。从逻辑上来说,二者显然没有因果联系,这其实和上面几个例子类似,看似关系很弱的两个事件具有高度相关性,要么是巧合,要么是其内部有更加复杂的关系。比如可口可乐的销量增加可能是因为夏天到了,买可乐的人多了,而夏天到了去游泳的人就会增加,那么被水淹死的人数自然就会上升。这样的逻辑是成立的，但是并没有直接的因果联系。

所以，A和B两件事情可能看起来是同时发生的，二者具有一定的相关性，但并不一定是A导致了B的发生，或者B导致了A的发生，可能只是巧合，或者其中有更深层的关系有待挖掘。

●4.2 慎用"因为……所以……"造句：因果关系不可乱用

> 因果关系需要详细的论证过程，不能拿着相关关系当作因果联系，或者一拍脑门主观上感觉是因果关系就这么简单地认定，这一部分将详细地介绍因果关系的具体含义及应用。

❑ 4.2.1
因果关系需要严密论证

记得上小学的时候，语文老师经常让大家用"因为……所以……"造句：

因为我今天回家晚了，所以妈妈很生气。

因为我帮奶奶过马路，所以老师表扬了我。

上面两句话很简单，逻辑上也是成立的。第一句话中，妈妈很生气这件事，的确是由于我回家晚导致的；而第二句中，老师之所以要表扬我，是因为我今天帮助奶奶过马路了。这属于最简单的因果关系。

但是现在我们遇到的很多事情，看到的许多文章，实际上有不少都在滥用因果关系。比如有人说吃鱼子酱能够护肤。按照这种说法，要想保持皮肤光润，就应该经常吃鱼子酱吗？为了证明这种观点，研究人员做了如下的实验：首先选定一个人群作为研究对象，统计一下他们是否平时常吃鱼子酱，挑选出常吃鱼子酱的一组和不常吃鱼子酱的一组。然后查看一下他们的皮肤光洁程度，对总体结果进行统计，看看哪一组皮肤光洁程度的平均值更高。研究人员发现，常吃鱼子酱的一组皮肤光洁程度更高，而且相关系数高达0.85。这一研究结果被鱼子酱生产企业看到，他们拿着实验结果和数字在广告中宣称：常吃鱼子酱对护肤有很大好处。

可是这就能够证明鱼子酱可以帮助皮肤变得更加光润吗？恐怕不行，因为以上这种实验只能说明这二者之间存在相关性，但并不能够证明皮肤光滑的原因是常吃鱼子酱，因为这其中可能包含其他更加复杂的关系没有被排除，比如常吃鱼子酱的人可能家庭条件比较好，家庭条件好的人更加愿意花钱买护肤品，并更加注意对自己的皮肤进行护理，在这种情况下，皮肤好和吃鱼子酱就没有什么必然联系。

要想证明因果关系，必须要排除其他因素的干扰，只看吃鱼子酱这一个变量的影响。这样的方法经常在医学中使用到。医药公司发明了一种新的抗感冒药，想试验一下新药的效果。要想排除其他因素的影响，理想的试验应该是，一个患了感冒的人在某一个时间点开始服用这种药，几天之后看看感冒症状是否有缓解。然后时间倒流，再回到那个时间点，让这位病人不吃这种药，再过几天之后看看症状的变化，如果第一种情况下病人的感冒有明显好转，那么就说明新药有用。

但是，这谁都能看得出来，"时间倒流"这种事情是根本不可能的，这种方法当然不可取。不过根据这个思路，我们可以使用一种替代的方法，这种方法叫对照实验。对照试验是指一般进行某种试验以阐明一定因素对一个对象的影响和处理效应或意义时，除了对试验所要求研究因素或操作处理外，其他因素都保持一致，并把试验结果进行比较的试验。

具体方法是，我们找来多位感冒患者，分成两组。要尽量保持两组成员在年龄、性别、感冒症状、身体条件等方面一致，以排除这些变量在实验中可能产生的影响。实验过程中，这两个组的唯一区别是，其中一组患者服用新的感冒药，被称为处理组（实验组），另一组则服用没有任何正面作用或者负面作用的安慰剂，被称为控制组（对照组）。几天之后再对照两组病人的感冒病情状况，如果处理组的病人有明显好转，就说明新的感冒药有效果，反之则说明没有效果。由于处理组与对照组中其他的无关变量的影响是相等的，所以处理组与对照组两者的差异，可认定为是来自实验变量的效果，这样实验结果是可信的。

接着我们回到鱼子酱的问题上来，这里比较好的改进做法是：在分组的过程中，常吃鱼子酱和不常吃鱼子酱的两组人在年龄、性别、家庭环境、收入水平、生活习惯等方面保持相同，这样就能排除这些因素的影响，然后再看两组人的皮肤光洁程度，如果还是存在差异，那应该就是常吃鱼子酱导致的。

4.2.2
"倒因为果"也是一个严重的问题

"倒因为果"是一个常见的问题，同时也是一个比较难处理的问题。比如有人认为，一些西方国家发展水平高，那是因为他们人民素质高。这里面的逻辑就是：人口素质高导致了经济发展水平高。这个逻辑其实是不准确的，因为反过来说，也有可能是经济发展达到了一定水平之后，人口素质才会提高的。这里面的因果关系很难一概而论。

此外，经济学上还有一个争议颇多的问题，也就是制度对经济发展的影响。一些学者会认为，一个好的制度，包括完善的法治、产权保护制度、市场经济制度，会有助于经济发展水平的提高。

不过，在现实生活中，甚至在商业活动中，一般不会选择用这么麻烦的解决办法，或许有的时候这个问题也根本不被看作是一个问题。因为从时间和精力成本的角度考虑，使用最严谨的方法或许不是最为"实惠"的方法。但是如果要抱有科学的态度来看待问题，那么这个视角是不应该忽视的，或者在生活中遇到类似百思不得其解的情况时，可以来回看一下这个问题。

第 5 章

平均数的"挑选技巧"

平均数是一个十分常见的概念，我们在生活中几乎每天都会碰到。可是，错用半均数也是一个常见的数字陷阱，"平均工资""平均房价"，都是"平均"，但这些数字很多时候与我们的直观感受并不一样。这一章将介绍平均数背后的秘密。

●5.1 平均数、中位数与众数的差别

这三个概念都是用来描述数据集中趋势的统计量，都可以用来代表一组数据的特征，不同的地方在于以下几点。

平均数（mean）是一组数据中所有数据之和再除以这组数据的个数。

中位数（median）是一组数按大小排列之后，最中间的那个数，如果观察值有偶数个，则取最中间两个数的平均数。

众数（mode）是一组数据中出现次数最多的数。

对于一个由有限个数字组成的数组，平均数和中位数是一定存在的，众数可能不存在或者有不止一个。

比如一个数组：1、2、2、4、5、7、14，它的平均数是（1+2+2+4+5+7+14）/7=5，而中位数是4，众数有一个，是2。可以看出，平均数是一组数据的算术平均数，是计算得出的，反映了一组数据的平均大小和总体平均水平。中位数则是把数字按照高低排列好之后画出的一条分界线，把所有数字分为前后两部分，相当于是一组数据的中等水平。众数则是数据中出现次数最多的数字，反映了数据的多数水平。

这三个概念的特点各不一样，平均数需要通过计算数据中的所有数字才能得出，能够充分反映了所有数据的情况，任何数据的变化都会影响到平均数的变动，反映出来的信息最充分，它的缺点是极易受到极端值的影响。中位数是按照数据顺序排列后得出的，一些数据的变动不会影响到中位数的大小，也就无法反映这部分的变化，但中位数不容易受到极端值影响。而众数同样不易受到极端值影响，但只能反映部分数据的情况。在不同的分布中，这三者的位置也有所不同，如图5-1所示。

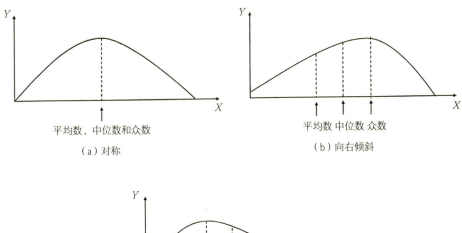

图5-1 平均数、中位数和众数在对称与倾斜分布中的位置

●5.2 平均数并不"平均"

> 当人们想看一个整体的大致情况时,通常会想到平均数这个概念。的确,平均数是运用十分广泛的一个数值,从平均工资到平均价格,到处都能看到平均数的影子。可是,由于平均数本身的局限性,在使用平均数时会掉入数字陷阱当中。

❑ 5.2.1
当地平均工资水平×万元,你被平均了吗?

以上介绍的三个概念中,平均数因为最能够反映所有数据的情况,所以应用范围最广,也是我们十分常见的一个统计学概念,比如说平均成绩、平均价格、平均收入。

近些年来我们经常听说一个词叫作"被平均",也就是说政府或有关机构颁布的平均值数据与自己印象中的不符。最常见的就是平均工资水平,如图5-2所示,根据国家统计局的数据,2014年城镇单位就业人员平均工资为每年56360元,也就是说月薪将近4700元。听到这个数据,相信不少人都会大呼"根本不可能,我怎么一个月才赚这么一点儿钱""我给国家拖后腿了""我又一次被平均了"……因为很多人月薪还达不到4700元。

这里首先要看调查的对象,这一数据的覆盖面是"城镇单位就业人员",这里的对象一是"城镇居民",二是"就业人员",所以就已经把许多人群(比如农村居民、城市无业居民)排除掉,数据中包含的都是相对来说收入水平较高的人。如果我们看全体居民的平均收入情况,就可以发现与上面数据的差别,如图5-3所示。

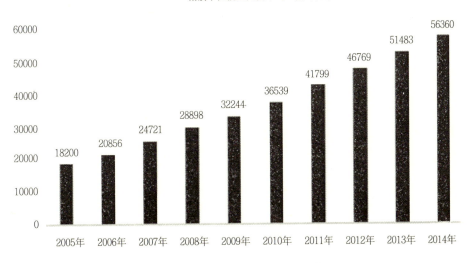

图5-2 城镇单位就业人员平均工资

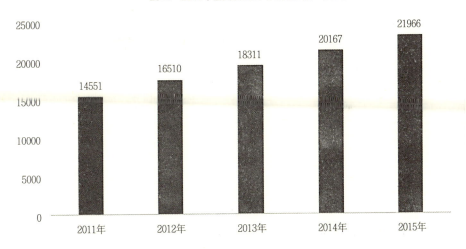

图5-3 2011—2015年全国居民人均可支配收入

另外,以上数据指的都是"平均收入"。然而,这一指标在反映普通民众收入水平方面有比较明显的局限性，很多时候我们需要同时考虑"收入中位数"。收入中位数，是指用统计学上中位数的概念来衡量某地区普通民众的收入水平。相比较于人均收入，收入中位数更贴近普通民众的实际生活水平，因为某地区的人均收入因贫富的差距可远远大于收入中位数，而收入中位数则可以将这种差距反映出来。中位数算出来可避免极端数据，比如特别富裕和特别贫穷群体的收入数据，代表着数据总体的中等情况。

如果比尔·盖茨和9个没有任何财产的人在一间屋子里，即使另外9个人再穷，那么只要有比尔·盖茨在，这间屋子里的10个人的平均财产就能够达到数十亿，这样的平均值就没有什么意义了。而这个屋子里的人的中位数则是0。

接下来把这个例子再扩大一下，假设一座城市里住了10个人，其中5个人的月收入都是2000元，另外5个人的月收入为3000元，那么这座城市居民的平均月收入就是2500元。

我们来看一下国家统计局公布的全国居民整体收入情况，这一数据包括了农村和城镇全部居民的收入平均数和中位数：2015年全年全国居民人均可支配收入21966元，全国居民人均可支配收入中位数19281元。也就是说，全国有超过一半的人口（约6亿人）的年均收入在19281元以下，即每个月收入约1600元。

接下来，再看一下城镇和农村居民的收入平均数和中位数："按常住地分，城镇居民人均可支配收入31195元；城镇居民人均可支配收入中位数为29129元。农村居民人均可支配收入11422元；农村居民人均可支配收入中位数为10291元。"同样的，只看中位数的话，有一半城镇居民的年收入在29129元以下，约每月2427元。而农村居民有50%的年收入在10291元以下，月收入不足858元。

所以，虽然"平均收入"能够在一定程度上反映居民平均收入情况，但是难以避免特别富有的人或者特别贫穷的人影响统计数字，许多人感觉自己的收入"被平均",第一个原因是统计口径的不同,第二个原因就是少数高收入群体拉高了收入的平均数。在某种程度上说,"被平均"现象的确是存在的。这个时候收入的中位数能够很好地避免这一情况的发生。

5.2.2
占领华尔街——社会上1%的人掌握了99%的财富

既然少数高收入群体就能够轻易拉高收入平均值,那么社会上的收入分配公平吗?我们的收入统计是否就是被富人拉高的呢?

长久以来,收入分配都是经济学家和政治家十分关注的话题,19世纪的意大利经济学家帕累托研究了个人收入的统计分布,发现少数人的收入要远多于大多数人的收入,提出了著名的80/20法则,即20%的人口占据了80%的社会财富。2013年,法国经济学家托马斯·皮凯蒂(Thomas Piketty)出版了《21世纪资本论》一书,在书中他讨论了自18世纪以来欧美的财富和收入不均的问题。虽然外界对该书的观点争议不断,但仍不妨碍这本偏学术的作品在全球大卖,这也从侧面反映出社会各界对收入不均问题的关注。

2011年,美国纽约爆发了"占领华尔街"集会运动,活动的目标是要持续占领纽约市金融中心区的华尔街,以反抗大公司的贪婪不公和社会的不平等,反对大公司影响美国政治,以及金钱和公司对民主、在全球经济危机中对法律和政治的负面影响。示威者喊出的一个口号是"我们就是那99%的人(We are the 99%)",这99%指的就是普通民众,虽然人数众多但是很弱小,而剩下那1%的富人却掌握了国家99%的财富和权力。

虽然这一数字并非完全准确,但一个不争的事实是:社会上的小部分人的确拥有绝大部分的财富。我们先来看2015年美国的收入统计数字,如图5-4所示。

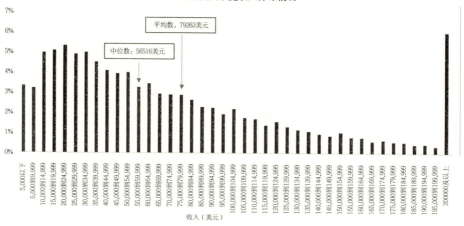

图5-4 2015年美国家庭收入分布情况

美国高收入群体（年收入20万美元以上）占总数的约6%。全国居民的人均收入约7万美元，而收入中位数为56516美元，这一数字要比平均数低不少，这在一定程度上反映了少数富人的确占据了很大份额的财富。

不过，年收入20万美元也只是最富有的6%的那群人，要想达到最顶尖的1%，年收入要达到42万美元以上。那么，这1%的人的收入占全社会收入的多少呢？答案是超过20%，如图5-5所示。

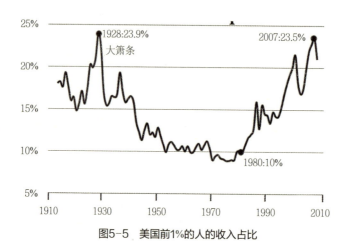

图5-5 美国前1%的人的收入占比

在占领华尔街运动发生之后,诺贝尔经济学奖得主、著名经济学家保罗·克鲁格曼(Paul Krugman)在《纽约时报·专栏版》中提出了"我们就是那99.9%的人(We are the 99.9%)"这一新的口号,他认为在考虑收入分配在最近发生的变化的情况下,"99%"设得太低。在1979年至2005年期间,美国的收入中位数仅上升了21%,而最富有的0.1%却上升了400%。图5-6是最近一百年来最富有的美国人的收入占整体的比例,其中那0.1%(大约32万人)的收入占到了全国所有人收入的9.5%。

图5-6　1913年到2013年间美国收入最高的1%和0.1%的家庭收入占比

上面的数据展示的还只是收入占比,如果考虑到财富占比,那差距可能会更大。总之,收入"被平均"不仅是由于少数富人的高收入,而且这一群体的收入要比普通大众高出许多。

●5.3 缺少平均数的误导性

> 这一部分将介绍一下错误使用平均数可能造成的误导，并举一些生活中常见的例子。

❑ 5.3.1
GDP全球第二，我国是否已经是经济强国？

虽说平均数有很多缺陷，如果缺少了平均数，那么很多时候会造成混淆视听。

2010年，中国国内生产总值（GDP）超过日本，成为仅次于美国的世界第二大经济体。虽然那些年按照中国的增长势头，成为全球第二只是时间问题，但此消息一出，仍然让许多人感到振奋，因为这是对中国崛起的一个最好诠释，象征意义十足。

2014年，国际货币基金组织（IMF）称，按照购买力平价计算，中国的GDP实际上已经超过美国，成为世界第一大经济体。美国2014年国内生产总值（GDP）为17.4万亿美元，而中国则达到了17.6万亿美元。这一消息让人感到惊喜：我们终于成为世界第一经济强国了！不过消息刚刚出来，我国政府并未大肆宣传，财政部副部长表示：在经济增长质量上中国与美国还有很大差距。中国仍是发展中国家，还需要继续推进改革开放来提高经济增长质量，让老百姓过上更好的生活。随后，IMF的计算方法也遭到质疑。

不过一个不争的事实是，从GDP来看，中国已经成为仅次于美国的大国，经济体量与过去已经不可同日而语，在世界上也占有了很大的话语权。但这是否就意味着，中国已经成为一个经济强国了呢？这个问题说是也对，说不是也有道理。GDP多年来已经成为衡量一个国家经济体量的最重要也是最常用的指标，GDP排名世界第二肯定说明了中国经济的实力。

但是，GDP衡量的毕竟只是产出总量，看一个国家经济情况还有其他指标，比如人均GDP。从人均GDP来看，中国虽然在最近几年有了较快增长，但与发达国家还有很大差距，如图5-7所示。

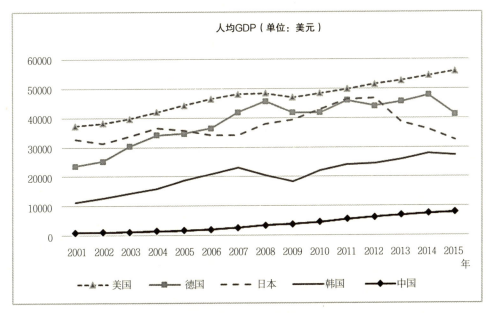

图5-7　2001—2015年五个国家的人均GDP

从理论上来看，经济增长与人力资本是有很大联系的，人力资本的投入的确能够带动GDP的提高，所以在其他条件不变的情况下，人口越多，人力资本投入越多，GDP往往也会越高。但是，影响经济增长的因素还有很多，比如技术水平，或者说生产率越高，经济会越发达。而中国各省之间的发展水平很不平均，所以要想衡量一个省份的经济发展程度，最好要排除掉人口数量这一影响因素，这样的数据会更能够代表经济发展水平或富裕程度，所以人均GDP相对于GDP来说更加合适。

5.3.2
我国是地大物博、资源丰富吗?

记得在上初中的时候,地理课本上总是介绍中国是一个"地大物博、资源丰富"的国家,为了证明这个观点,课本还会专门加上一系列关于矿产储量、煤炭储量的例子——"我国煤炭储量居世界第3位,石油储量居世界第6位,天然气储量居世界第16位,水力资源蕴藏量居世界第1位。"学过这些之后给我的印象就是,中国拥有取之不尽、用之不竭的自然资源,同时人口最多、国土面积世界第3,十分了不起。

但是正如上文所说,这些数字只是总量,如果平均到每个人的头上,我国就从"地大物博"变成"地大物薄"了。中国地质调查局前局长孟宪来就曾表示:"我国已经探明的矿产资源总量较大,约占世界的12%,仅次于美国和俄罗斯,居世界第3位;但人均占有量不足,仅为世界人均占有量的58%,居世界第53位。总体来说,我国是人口众多、资源相对不足的国家。"

这种趋势在最近几年特别明显,粮食资源、水资源、石油资源纷纷亮起红灯,时不时地传出某个地方地下的煤炭已经被挖空、石油资源严重依赖进口、到了夏季用电高峰期一些城市仍会出现供电紧张的情况……中国在许多方面都不是资源丰富,而是资源短缺。

以中国最为依赖的煤炭为例,虽然产煤总量巨大,但仍然难以满足需求。表5-1是2006年世界主要产煤国的煤炭产量:

表5-1 2006年世界主要产煤国的煤炭产量

排名	国家	产量(百万吨)	比率
1	中国	2482	46.20%
2	美国	990	18.40%

续表

排名	国家	产量（百万吨）	比率
3	印度	427	8.00%
4	澳大利亚	309	5.80%
5	南非	244	4.50%
6	俄罗斯	233	4.30%
7	印尼	169	3.10%
8	波兰	95	1.80%
9	哈萨克斯坦	92	1.70%
10	哥伦比亚	64	1.20%

虽然中国长时间以来都是世界上最大的产煤国，约占世界产量的一半，煤炭储量名列世界第3，从总量上来看，中国毫无疑问是一个煤炭大国。但是从这些年的数据来，中国却出现了煤炭资源短缺的问题，仅仅几年前还是煤炭出口国的中国，却在最近一段时间迅速增加了煤炭的进口。而且由于中国人口众多，煤炭资源的人均占有量约为234.4吨，而世界人均的煤炭资源占有量为312.7吨，美国人均占有量更高达1045吨，远高于中国的人均水平。

经济发展伴随而来的必然是对能源需求量的提高，中国的能源结构高度依赖煤炭，我们经常会听到某些煤炭生产地出现了地下煤炭被挖空的消息，所以尽管总量巨大，但在经济的高速增长和众多的人口总量面前，煤炭资源仍显不足。

●5.4 辛普森悖论：分类的重要性

> 如果能够把中位数和平均数结合起来使用，那么在一定程度上可以规避单一使用平均数带来的偏差风险，可是有时候，尽管把平均数和中位数结合起来看了，但结果仍然会出现偏差。

❏ 5.4.1
到底哪个班的平均分高？

举一个例子：在一所高中的两个班，两个班各有60名学生，这些学生当中有的成绩好，有的成绩差。在某次期末考试中，一班的成绩好的学生的平均分达到了94分，而二班成绩好的学生的平均分为89分。一班成绩差的学生的平均分为75分，二班成绩差的学生的平均分只有63分。校长看到这一结果，认为二班的成绩较差，所以就把二班的班主任叫到办公室来，仔细进行了一番叮嘱，并让他吸取教训，别再被一班甩下了。

可是二班班主任不服气，他拿来了另外一份总体成绩单，二班的平均分为85分，而一班的只有75分。二班班主任说："我们的成绩明明比一班好啊！"

这到底是怎么回事呢？

我们先不用急着回答，这里再看另外一个例子。话说一班和二班的学生经历了紧张的高中学习之后，终于要上大学了。其中一班的一名男生小明面临着选专业的问题，他有两个意向，一个是法律，另外一个是学经济，他所中意的那所大学中这两个专业都有，小明想知道这两个专业在录取上有没有性别歧视，所以他看了看去年这所学校法学院和经济学院的录取情况，并做了如表5-2和表5-3所示的统计。

表5-2 法学院录取情况

性别	录取	拒收	总数	录取比例
男生	8	45	53	15.1%
女生	51	101	152	33.6%
合计	59	146	205	

表5-3 经济学院录取情况

性别	录取	拒收	总数	录取比例
男生	201	50	251	80.1%
女生	92	9	101	91.1%
合计	293	59	352	

看完这两个表格，小明的心都凉了：为什么这两个学院在录取上都"重女轻男"啊？这样太不公平了！不过，他的一位同学过来安慰他说："你别着急啊，我把这两个学院的录取情况相加汇总了一下，你看，从这两个院的整体情况来看，其实男生在录取方面还是占优势的，录取比例要高于女生呢。"具体如表5-4所示。

表5-4 整体录取情况

性别	录取	拒收	总数	录取比例
男生	209	95	304	68.8%
女生	143	110	253	56.5%
合计	352	205	557	

"真的是啊！"小明说道："看来我选它们还是正确的！"可问题是，这两个专业到底有没有性别歧视呢？而上面的高中里的一班和二班到底谁的成绩更好一些呢？

5.4.2
辛普森悖论

同样的数据，同样的计算方法，怎么就会得出不一样的结论了呢？这其实就是著名的辛普森悖论：当人们尝试探究两种变量是否具有相关性的时候，会分别对之进行分组研究。然而，在分组比较中都占优势的一方，在总评中有时反而是失势的一方。

在单独计算法学院和经济学院的录取情况时，录取和拒收的人数以及二者之间的比例的差别都是很大的，所以一旦汇总起来，就会得到和分类计算相差比较大的结果。

第一个关于高中考试成绩的例子也是类似的道理，两个班的成绩好的学生和成绩差的学生的数量是不同的，所以加在一起的话可能会得出不一样的结果。两个组的录取率相差很大，更准确地说，法学院录取率很低，而经济学院却很高。而同时两种性别的申请者分布比重相反。女性申请者的大部分分布在法学院，男性申请者大部分分布于经济学院。结果在数量上来说，拒收率高的法学院拒收了很多的女生，男生虽然有更高的拒收率，但被拒收的数量却相对不算多。而录取率很高的经济学院录取了很多男生，使得最后汇总的时候，男生在数量上反而占优。

所以，小明在考虑专业选择的时候，"性别歧视"这种现象其实是多虑了。性别并非是录取率高低的唯一因素，甚至可能是毫无影响的。至于在学院中出现的比率差，可能是随机事件，又或者是其他因素作用，比如入学成绩，却刚好出现这种录取比例，使人误认为这是由性别差异而造成的。

为了避免辛普森悖论的出现，就需要斟酌各分组的权重，并乘以一定的系数去消除以分组数据基数差异而造成的影响。同时，还必须清楚了解实际情况，以综合考虑是否存在造成此悖论的潜在因素。

●5.5 补救平均数

> 尽管有诸多问题,但平均数仍旧是一个十分方便快捷的反映数据整体情况的指标。只不过在处理具体问题时,需要寻找具体的对策,来弥补平均数自身存在的缺陷。

❏ 5.5.1
全国收入水平分布情况——你处在哪个位置?

从2005年起,中国社会科学院发起了一项名为"中国社会状况综合调查"的全国范围内的大型连续性抽样调查项目,在众多调查指标中包含了收入水平一项。根据这项调查得到的数据(18周岁到69周岁),李培林、朱迪在《努力形成橄榄型分配格局》这篇论文中对中国各个收入阶层的收入情况进行了分析,如表5-5所示。

表5-5　城镇各收入群体的家庭人均年收入下限(单位:元)

年份 收入者	2006年	2008年	2011年	2013年
低收入者	—	—	—	—
中低收入者	4014	5276	6783	8536
中等收入者	13178	16788	23211	28760
高收入者	45252	57080	80709	99544

也就是说,在2013年,家庭人均年收入在8536元以下的属于低收入者,8536~28760元的属于中低收入者,28760~99544元的属于中等收入者,而家庭人均年收入在99544元以上的属于高收入者。

那么这些阶层的人数大概有多少呢？作者又做了如下统计，如表5-6所示。

表5-6 城镇各收入群体的规模

年份 收入者	2006年	2008年	2011年	2013年
低收入者	20%	20%	22%	18%
中低收入者	50%	49%	51%	55%
中等收入者	27%	28%	24%	25%
高收入者	3%	3%	3%	2%

在2013年，中国有约18%的城镇人口依旧生活在低收入水平线下，有超过一半的人是中低收入者，25%属于中等收入者，而高收入者只有2%。也就是说，如果你的家庭人均年收入在28760元（相当于月收入2400元）以上，那么你的家庭收入就已经高于城镇里将近3/4的家庭年收入了。而如果你的家庭人均年收入能达到10万元，那你就超过98%以上的家庭年收入。

接下来，我们具体来看一下中国城镇居民的收入情况。这里使用的数据来自中国人民大学负责的中国综合社会调查（Chinese General Social Survey，CGSS），属于我国最早的全国性、综合性、连续性学术调查项目。我们使用的2013年的数据是该项目公布的最近一次数据，样本量大概有10000个。下面是各个收入水平的直方图，即一种收入水平的人越多，图中的柱子越长，如图5-8所示。

从图5-8中可以看出，收入情况呈幂律分布，其中收入在10万元以下的人数最多，而且收入越少人数越多，而高收入人群寥寥无几。经过计算，平均年收入约为26888元，而中位数则是20000元，也就是说有一半的人的收入在20000元或低于20000元。这两个数字之间的差异也说明了少数人获得了高水平的收入，而大多数人收入较低。把数据再细化一下，年收入在50000元以上的人只有10%，属于很少数，而年收入72000元以上的更是只有5%。尽管近年来中国的平均收入也在不断增长，但基本的格局和收入分配情况大体上依旧如此。

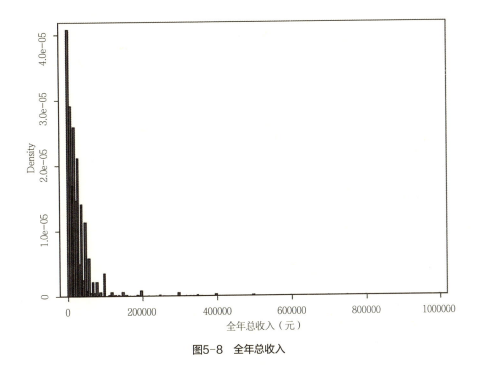

图5-8 全年总收入

所以，如果你感觉自己的收入"被平均"了，那主要是因为有钱人拉高了平均值，但其实中位数还是要低一些。而如果你感觉周围的高收入的亲戚朋友特别多，中国有钱人越来越多了，年收入10万以上都已经很平常了，那么你还是看看统计数字吧，高收入群体仍然只是少数。

❏ 5.5.2
房价的中位数乘数

尽管中位数有的时候会比平均价格更加能够准确地反映出房屋价格情况，但是，单纯地使用中位数，或者把中位数与平均数相结合，也同样存在缺陷，那就是并没有把当地居民的收入水平差距考虑在内。毕竟买房子的都是居民，而居民的收入水平直接决定着购买什么价格水平的房子。同样是20000万元/平方米的房子，北京、上海的居民的承受能力和三线或者四线城市居民的承受能力是不同的。

所以，人们后来又制定出了许多其他的衡量房价水平的方法，比如现在比较常用的中位数乘数（Median Multiple），这一指标被广泛地用来评估世界城市房地产市场，被世界银行以及联合国推荐使用。中位数乘数也叫"房价—收入乘数"，等于城市房价中位数除以该城市每户居民税前年收入的中位数，能够反映出居民对房价的负担情况。具体的分类如表5-7所示。

表5-7 中位数乘数划分

负担程度	中位数乘数
极度困难	5.1及以上
十分困难	4.1~5.0
比较困难	3.1~4.0
可以承受	3.0及以下

研究机构Demographia于2016年发布了《全球房屋负担能力调查报告2016》（International Housing Affordability Survey: 2016），该报告收集了澳大利亚、加拿大、爱尔兰、日本、新西兰、新加坡、英国和美国总计数百个城市的房价以及居民收入情况的数据，并计算出了各地区居民的房屋负担情况，表5-8是每个国家的主要城市在每个负担程度分类中的数量以及中位数乘数。

表5-8 87个主要城市房价负担情况

国家	可以承受（3.0及以下）	比较困难（3.1~4.0）	十分困难（4.1~5.0）	极度困难（5.0或以上）	总计	中位数乘数
澳大利亚	0	0	0	5	5	6.4
加拿大	0	2	2	2	6	4.2
爱尔兰	0	0	1	0	1	4.5

续表

国家	可以承受 （3.0及以下）	比较困难 （3.1~4.0）	十分困难 （4.1~5.0）	极度困难 （5.0或以上）	总计	中位数乘数
日本	0	1	1	0	2	3.9
新西兰	0	0	0	1	1	9.7
新加坡	0	0	1	0	1	5.0
英国	0	1	10	6	17	4.6
美国	13	24	5	11	53	3.7
总计	13	28	20	26	87	4.2

虽然数据只包含了为数并不算多的一些城市，但也可以看出，尽管有些地区收入水平很高，但是房价同样处于高位，使得当地居民的房屋负担压力巨大。表5-9是所有样本城市的房屋价格负担压力排名。

表5-9 样本城市房价负担压力排名

排名	国家	城市	中位数乘数
1	澳大利亚	悉尼	12.2
2	加拿大	温哥华	10.8
3	澳大利亚	墨尔本	9.7
3	新西兰	奥克兰	9.7
3	美国	圣何塞	9.7
6	美国	旧金山	9.4
7	英国	伦敦	8.5
8	美国	洛杉矶	8.1
8	美国	圣迭戈	8.1

国际货币基金组织也使用"房价—收入比"这一指标来研究全球主要国家的房屋价格水平情况。图5-9是2016年世界部分国家国内房屋价格与收入之

比的情况，该数据是以2010年的水平为基准（即100），如果数值低于100，则说明该国居民买房负担水平在过去这些年当中出现了下降，反之则说明负担加大。

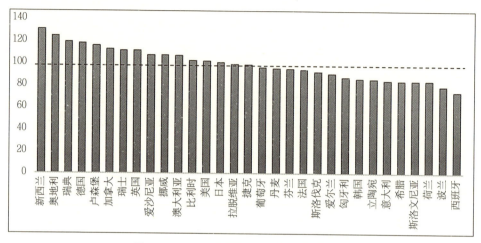

图5-9　2016年部分国家房价—收入比的变化

正如上文所说，这一指标将房价和收入情况都考虑在内，可以更好地反映出当地居民的购房负担情况，还能够进行国际比较，避免了各国收入水平差异以及汇率换算时出现的误差。

虽然图5-9中不包括中国房地产市场的数据，但国际货币基金组织指出，中国由于国内市场庞大且差异较大，难以用一个数字来衡量整个国家的水平，所以这就要求对每一个城市进行更加细致的分析。

第6章

数字图表——有图也不一定有真相

> 数据有的时候是枯燥的,这个时候就需要将数字变为生动的图表,也就是"数据可视化"。图像更加形象,也更加能让人记住,不过图像却也常常成为造假的对象,操纵图像其实十分简单。

●6.1 数字与数据可视化：一图胜千言

> 数字虽然有简洁、明了、准确的特点，但当一大堆数字摆在你面前，或许你就失去了读文章的兴趣，这个时候，就需要图形登场了。

❏ 6.1.1
数字越详细，人们反而越不愿意看

数字有的时候会显得枯燥，让人理解起来不够直观，比如下面这组数字：2014年中国GDP总量达到644791.1亿元，其中GDP最高的五个省份分别是广东省（67809.85亿元）、江苏省（65088.32亿元）、山东省（59426.59亿元）、浙江省（40173.03亿元）和河南省（34938.24亿元）。

这些数字都很详细，可是直接这么写出来，会有多少人愿意看呢？即使愿意看，那么作者想要传递出来的信息又有多少人能够接收得到呢？数字更多的时候代表着客观和理性，可是人类天生就是主观和感性的，虽然信息发出者希望信息接收者能够得到更加准确的信息，因此他通过数字这样的形式进行信息传递，但是发出者也要考虑到接收者自身的接受能力和知识结构背景，如果接受者对数字比较敏感，平时生活和工作接触的数字比较多，那他们立刻就会明白这些数字所表达的意思；但是如果信息接收者对数字并不敏感，甚至很厌恶数字，那么数字信息所隐含的意思恐怕就无法传递给对方，这样的一次信息交流就是失败的。

在现实生活中，如果你想把一个道理或一种科学原理讲述给大众，最差的一种选择就是像写学术论文一样，全部使用专业术语进行表述，这样虽然语言十分准确，完全能够表达作者的意思，但是对接收者的专业知识会有很高的要求，而大多数人其实是不具备这样的知识背景的。而第二种传递的选择是用更加平实的语言来解释这种科学原理，虽然需要舍弃一些专业知识和专业术语，但受众能够更好地理解其中的道理。第三种选择是把这个道理用故事的形式表达出来，在文字类的表述当中，人类对故事的接收能力往往是最强的，既有阅读的兴趣，印象也会更加深刻。那么除了文字，还有其他更有效的传递信息的形式吗？

有，那就是图形。

❏ 6.1.2
人类对图形更加敏感

相对于文字和数字，人们对图形会更加敏感，印象也会更加深刻。一张优秀的图形，不仅能够传递所需要的信息，还能够刺激人的大脑，让信息在读者的记忆中停留的时间更长。

20多年前互联网在中国刚刚兴起的时候，网络上的信息主要是以文字的形式出现，之后在一些门户网站上出现了最初版本的社交网络——聊天室。在聊天室里，网友们之间的交流形式也仅仅停留在文字上。那个时候流行的也就只是用一些数字来代表文字意思，比如"886"代表"拜拜了"。后来出现了专门的聊天工具，也有了"表情"这样的小图像，各种表达心情的表情看起来比干巴巴的文字更加生动。而网站上除了文字，越来越多的也加上了配图。再到后来，图像在信息传递中的作用越来越重要，一张图上可以隐含着多重意思，我们也进入了"读图时代"。我们传递的信息更加丰富多彩，相比于文字或数字，我们也更愿意直接去看图。当然，后来我们又看到了更多的动图和视频，未来或许还有虚拟现实技术，不过这都是后话了。

比如上面那组关于GDP的数字，如果转换成图像，那就如图6-1所示。

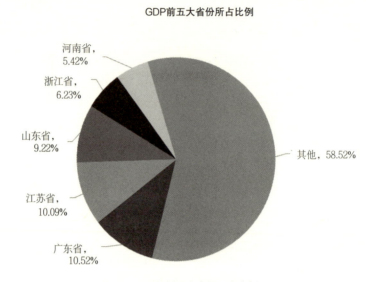

图6-1　GDP前五大省份所占比例

从这张图上可以看出这五个省份的GDP在全国的份额，GDP排名前五位的省份的国内生产总值占到了全国的四成以上，而且通过饼状图，可以直接看到这样的一个比例到底有多少。这些信息都是文字和数字无法直接提供的。

再换一种常见的柱状图，虽然看不出所占比例，但是能够很好地看出这五个省份之间GDP的差距，广东和江苏两个省份之间差距相对较小，而浙江、河南与前三个省份的经济总量相差得相对比较多。图6-2中柱状图的表示也要比单看数字更加直白。

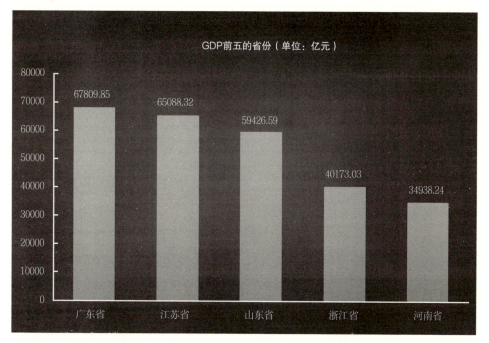

图6-2 GDP前五的省份

❏ 6.1.3
数据可视化的趋势与优势

如上文中所介绍的，数据可视化主要借助图形化的手段，清晰有效地传达数字所带来的信息，并利用数据分析发现其中的未知信息。如今不管是企业、政府还是个人，手中能够获得的数据越来越多，数据太多的话会显得十分杂乱，难以找到条理，而通过数据可视化，就可以简单清晰地发现其内在的价值。

本书中之前加入的一些图片，很多还都属于传统的数据分析方式，也就是先分析出结果之后，通过可视化的效果展示出来，而数据可视化更加倾向于在展示图像的过程中分析数据，寻找其中的内在价值，这将会改变传统的数据分析形式。所以说，数据可视化不仅仅是把数字变成图像，而且可以通过图像，发现更多的潜在信息，进一步拓展数据分析的形式，得出新的结论。

前文中的GDP饼状图是数据可视化的一种比较初级的形式，随着新的可视化工具的开发、数据量的增大，以及处理数据能力的提高，数据可视化已经打开了新的篇章。图6-3是百度的用户定位地图，百度利用收集手机用户的定位信息，映射出手机用户的所在位置情况。这是某天晚上7点多的全国地图，可以看到东部地区，特别是大城市的定位请求数量最多，这也能在某种程度上反映定位服务的使用情况。同时调整这张图的时间轴，就能够看到不同时间的使用定位情况。

图6-3　百度的定位地图

●6.2 可视化的数字也是数据陷阱的重灾区

数据可视化虽然可以解决数字枯燥、表现单一的问题，但有的时候，可视化的数字却更容易让人陷入数字陷阱，因为在可视化的过程中，为了图像表现，可能要舍弃一些信息，同时又为增加另外一些"可疑"信息提供了可能性。

❏ 6.2.1
图形数据更加直观，但可能会遗漏一些数据信息

美国有一位作家名叫蒙莫尼尔，同时他也是一名大学的地理学教授，不过他是一名与众不同的教授，他擅长用幽默的语言来向公众解释枯燥的专业知识。他出版过多本著作，其中有一本在1991年出版的书，名叫《如何用地图说谎》（*How to lie with maps*），成为其中流传最广的一本。他写这本书是为了揭示出现在市面上的地图中各种有意和无意的"谎言"。在前言中，教授写道：

"用地图说谎不仅很容易，而且很有必要。如果想把一个复杂的、三维的世界中各种关系展现在一张平面的纸上或者一个显示屏上，那么这样的地图肯定要与现实相违背。作为一种按比例制作出来的模型，地图上使用的标志与现实当中的相比，几乎总是需要按比例的放大或者缩小，而为了避免那些关键信息混淆在各种繁杂的细节当中，地图必须展现的是一个有选择性的、不完整的现实。在地图学上有一种两难的境地是难以避免的：展示一幅有用的且真实的图像，或者是一幅准确的地图，但必须撒一些无恶意的谎言。"

关于这种"善意的谎言"，最好的一个例子就是地铁线路图，图6-4是北京市的地铁线路图，制作地铁线路图的目的是为了让乘客更好地了解每一个

车站的具体位置以及地铁的换乘情况，而每一站之间的实际地理距离只是次要的，所以，尽管西单到天安门西的距离要大于王府井到东单的距离，但地铁线路图上显示的这两段距离是一样的。

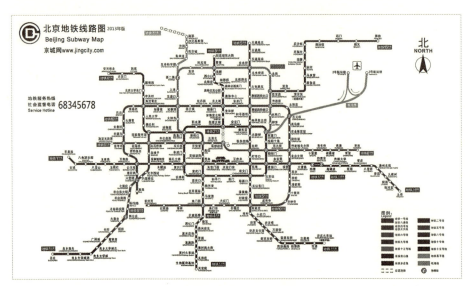

图6-4 北京地铁线路图

作者在书中提到的"谎言"不仅存在于地图制作中，在其他形式的图像中也同样存在。数据可视化虽好，但也是有利有弊，越来越丰富、可视化水平越来越高的数字图像，依旧会为了直观而放弃掉一些细节上的信息。比如图6-5是一篇关于高考的文章中的一张图。

图片展示的是2015年北京大学在中国各个省份的录取率，从图中可以很清楚地看到，北大在北京、天津、上海以及青海、西藏地区的录取率要高于其他省份，从这张图就可以看出哪些地区的学生更容易上北大。但是它的问题也很明显，读者并不知道每个省份的具体录取率有多少，虽然左下角有一个大概的范围，但仍然不够准确。如果把每个省份的录取率都标记到图上，那会十分影响图像的美观。要想得到具体的数据信息，那就直接把数据写出来，如表6-1所示。

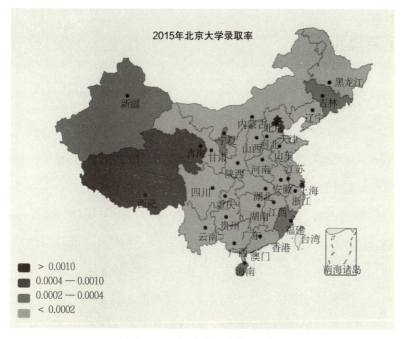

图6-5　2015年北京大学录取率

表6-1　北京大学录取率

地区	北京大学录取率
北京	0.27%
天津	0.06%
上海	0.05%
青海	0.04%
西藏	0.04%

不过这样就会显得有一些枯燥，所以这张图无法传递出的信息就是具体的录取率数字到底有多少。在这种情况下，很难同时兼顾图形的美观和信息的完全披露这两个方面。

❏ 6.2.2
图像更易操纵

蒙莫尼尔教授在书中指出，虽然一些地图使用者愿意接受这些"善意的谎言"，但是有一些地图却利用这种"善良"，编造了一些更为严重的谎言，比如直接在地图上做手脚。特别是近年来计算机技术和数字出版的发展，如此利用地图撒谎也是越来越容易了。

与"善意的谎言"不同，蒙莫尼尔教授说的人为主观对图像进行的"操作"，是有意地隐藏一些数据和曲解一些信息，以达成误导读者的目的。政府机构会利用这种手段达到宣传目的，商业机构操纵图像可以误导消费者，从中谋取利益，而媒体则可以引导舆论走向。现在的图像都是用计算机直接画出的，这些图像的支撑是其背后的数字，而这些数字并不需要全部都标注在图像上，所以一张图像画出来，外人往往既不知道背后的数字具体是多少，也难以判断其准确性，那么图像制作者可以简单地通过敲击键盘来修改数字，进而改变图像形式，以达到"掩人耳目"的效果。

此外，一张图像不仅仅需要直接的数字信息，还需要一些装饰性的或者说明性的信息，这些信息虽然看起来不重要，但实际上通过修改这些"边缘信息"，可以改变图形的视觉效果，进而影响读者的观感，"歪曲"传递出的信息。这种方法更加具有欺骗性。

总之，这就是我们要说的利用图像来制造"数字陷阱"。下面这一部分我们将着重来介绍一些常见的操纵图像的手段。

● 6.3 改变坐标轴：数字变得不认识了

> 改变坐标轴大小是常见的用图形说谎的手段，不管是纵坐标还是横坐标，不管是增加或者缩小坐标尺度，都可以达到掩人耳目、误导读者的效果。这一部分将会结合具体案例来分析这类数字陷阱。

❏ 6.3.1
截取纵坐标某一段，故意夸大差距

对于柱状图或者线形图来说，纵坐标是十分容易做手脚的。想象一下这样一个场景：C公司在市场上有几个竞争对手，相对来说C公司的业务要比其他公司做得更好一些，但是优势很微弱。这家公司的员工小张得到一项任务：给投资人做一个报告，在报告中不仅要让别人知道C公司比竞争对手的公司做得好，而且还要让人感受到C公司的竞争优势很大。应该怎么办呢？数据是确定了的，直接数字造假肯定行不通。不过小张决定试着在图上做些处理。比如图6-6，小张希望表现出C公司相比于竞争对手A公司和B公司在销售上的优势，图表所表现出来的是，C公司的销售额的确比另外两家高出不少。外行人第一眼看上去的感觉肯定是：贵公司太厉害了，领先同行20%以上。

可是，如果仔细看一下纵坐标就会发现，最下面的初始值并不是从0开始，而是150。如果把纵坐标的初始值改为0，用同样的数据把这张图重新制作一下，那么就会看到另一番景象，如图6-7所示。

这么一看，三家公司销售额的差距瞬间减小，假如不看具体的数值，还以为三个销售额差不多。从具体数据上来看，C公司比A公司的年销售额高15万元，比B公司只多出5万元。这样通过改变纵坐标的数值来造成视觉误差

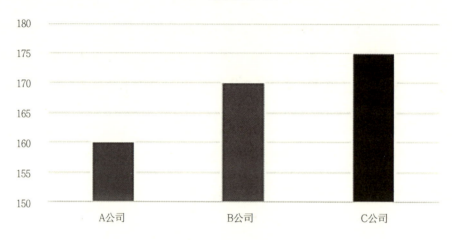

图6-6 2015年销售额(1)

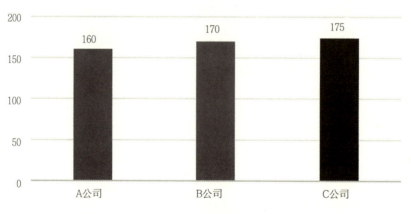

图6-7 2015年销售额(2)

的小伎俩就被戳穿了。

另外一个例子来自美国的一个统计学博客Simply Statistics。图6-8是美国FOX电视台对于当年布什政府税收政策的分析，左边是当前的税率，右边是到2013年1月1日提高后的税率。猛眼一看感觉二者的差距很大，但其实Y轴的初始值不是0%，而是34%，两个税率的真实值分别是35%和39.6%，实际上差别不大，只不过是图像给人的一种错觉。

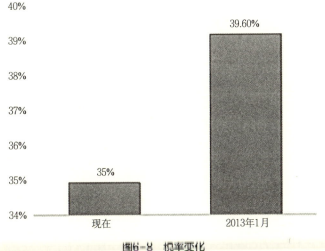

图6-8 税率变化

6.3.2 图像的拉长与伸缩

与上一个把戏相似，如果不改变纵坐标初始的数值，而是直接在图像的尺寸上做些修改，同样会得到不一样的视觉效果。假设你的公司今年业绩不佳，在向外公布运营数据的时候想粉饰一下，不让自己太过难堪。图6-9是D网站的业务人员制作的图表，与行业领先的三家网站的注册用户数量进行了对比。虽然A、B、C三家网站的注册用户要高于D，但从图上来看，差距并不是特别大。

图6-9 注册用户数量（1）

但是这张图有一个特点，就是特别的扁平，虽然有一些不美观，但也没有哪个读者会说这样尺寸的图像不可以。可是一旦把柱状图的高度降低，那么柱子之间的差距也会随着比例减小，给人的视觉感受就是几个数值之间的差距并不是很大。如果我们把上面这张图拉伸一下，就可以看到一张不一样的柱状图，如图6-10所示。

这样，D网站与其他几家网站的差距就显示出来了。如果你是A网站的负责人，想再"夸大"自己企业的这种优势，那么就可以尽情地把这张图拉伸起来。

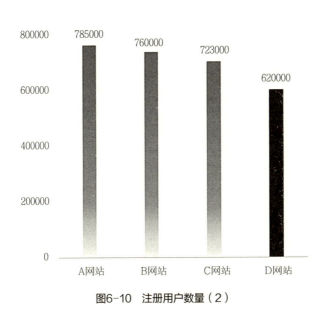

图6-10 注册用户数量（2）

6.3.3
改变时间轴的范围：视角不同，"结果"就不同

不同的数据对应的时间单位都有所不同，有些是需要看每一天的数据才会有意义，比如空气污染指数、PM2.5的含量，这样的数字如果公布的是一个星期的平均数，显然是没有什么作用的；有一些数据则是按照月份公布的，比如居民消费价格指数（CPI），反映的是过去这个月的物价水平；而有一些则是按照季度或者年份来公布的，比如GDP。

如果我们把横坐标上的时间范围进行拉伸或者缩短，那么我们得到的图像给人的视觉感受也会是不一样的。比如图6-11是2012年5月到2012年12月某项指标的月度数据,可以看出,虽然10月出现了下滑,但总体上的波动并不算太大。

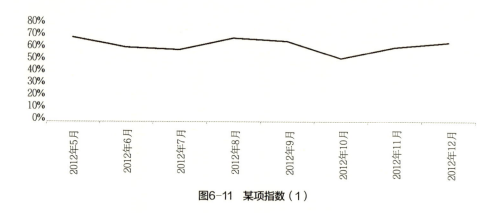

图6-11 某项指数(1)

而如果我们把从2010年1月到2012年12月的数据都拿出来,制作成类似的图,就会发现,2012年5月到12月中,同样的数据、同样的纵坐标,得到的新的折线图表现出来的波动却变得非常大。这种"把戏"的原理在于,长时间的坐标轴需要占用与短时间坐标轴同样大小的图像,因此就需要把折线图向中间挤压,这就造成了原有的波动增大的现象。因此,如果你想强调或者"更加夸张地表达"2012年里面数字的变化之大,就可以使用图6-12了。如果你想淡化这种波动,那么上面那张图则是首选。

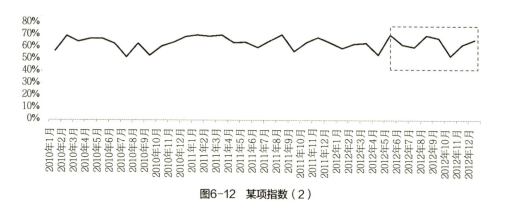

图6-12 某项指数(2)

下面还有一个例子。我想知道某一个词在历史上各种书籍中出现的频率，这在以前几乎是不可能的，因为没有人能够查完所有出版过的书籍，即使能够查完，那也不知道要花费多少年的时间。不过，谷歌的一项"神奇"服务，让这一切成为可能。这项服务叫作Google Books Ngrams Viewer，借助Google Books打下的电子化书籍的基础，用户可以在谷歌上查阅16世纪以来800多万册书籍中某个词出现的频率，这一数量约占人类历史上所有图书总数的6%，其中包括中文书。

这里我想查询一下"科学"这个词的热度。首先来看这个词在1980年至2008年之间的出现频率，如图6-13所示。

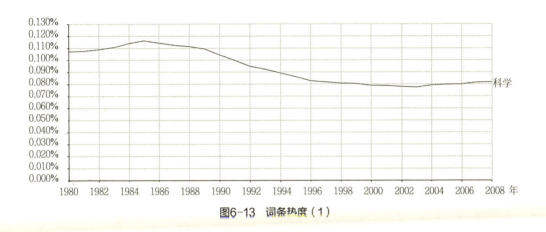

图6-13　词条热度（1）

我们可以看到，出现频率大概呈一个平缓下降的趋势，"科学"在20世纪80年代中期出现的频率最高，这与当时改革开放初期的需求有关，而近年来大概因为图书种类的增多，这一频率有所下降。接下来我们把时间范围扩大到1950年到2008年，展示在图6-14中：

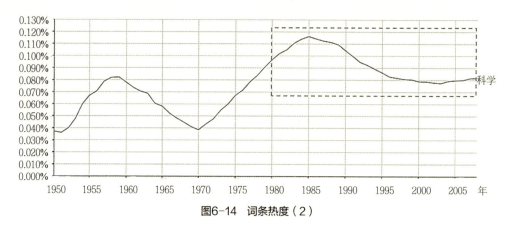

图6-14 词条热度（2）

在这张图后半部分的虚线框中，同样是1980年到2008年，使用的是同样的数据，但曲线的陡峭程度要高于第一张图。而如果我们把时间范围再一次扩大，查询1900年到2008年这一百多年间的数据，这样横坐标一变，我们所观察的那个部分变得更加陡峭了。这个道理和上一个例子是一样的，虽然纵坐标没有变化，但是曲线被"挤压"得更加紧凑了，如图6-15所示。

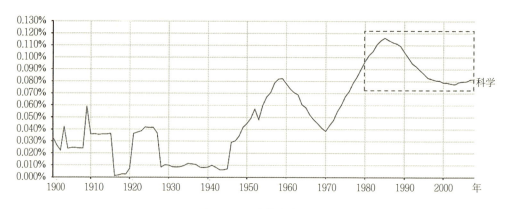

图6-15 词条热度（3）

❑ 6.3.4
百分号和千分号：单位到底是什么？

上面的例子不管是柱状图还是折线图，横坐标都是比较好辨认的，一般要么是时间，要么是被观察的个体。而纵坐标则是具体的数字，这里容易被忽视的是数字的单位，一个符号就可能导致失之毫厘、差之千里。

假设有一份关于购车车主的问卷调查，其中一项是问各种品牌的车主对"驾驶乐趣"的重视程度。宝马汽车一直以来都十分重视操控体验，那么宝马车车主是否也很重视驾驶的感受呢？根据这份问卷，答案貌似是肯定的，请看图6-16所示：

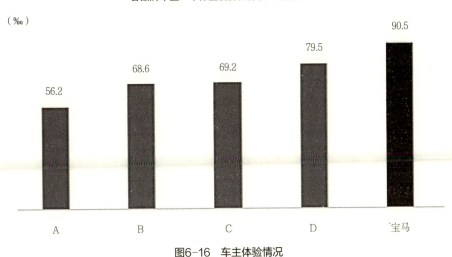

图6-16　车主体验情况

注：数字为随机选定，并不代表实际情况

从这个柱状图来看，宝马车车主相比于其他四个品牌，更加重视操控体验，而且比例上超出不少。可是我们能够就此断定宝马车主与其他品牌汽车的车主存在这样的差异吗？我们不急着下结论，先来仔细分析一下这幅图标。横坐标上是各个汽车品牌，这没有问题，可是纵坐标的左上角有一个千分号的符号（‰），也就是说这张图的单位是千分之一，宝马的比例实际上是90.5‰，也就是9.05%，而A到D汽车的比例则分别是5.62%、6.86%、6.92%和7.95%，也就是说，宝马车主只比D车主多出1%左右，这样的差距实际上很小，但通过改变计量单位，制图的人制造出了差距明显的效果。

类似的一张图6-17是某公司在2015年上半年月度的销售额增长率，从折线图来看，销售额的增长率似乎经历了较大浮动的变化，但是仔细一看左上角的单位，同样是千分之一，也就是说，这半年里最高的增长率8.9‰，与最低值的3.9‰，其实只相差了6‰，也就是0.6%，这样的差距实在是很小很小的，并没有图中反映出的图像那么夸张。

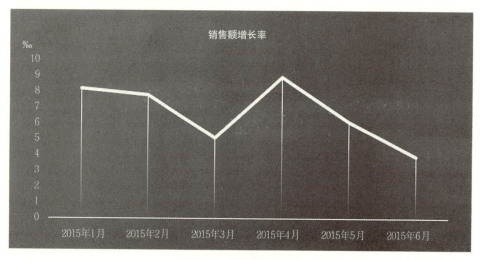

图6-17　销售额增长率

●6.4 魔鬼都藏在细节中

> 有句话说：魔鬼都藏在细节中。数字陷阱的一个表现形式也是在细节上做手脚，比如在数据的正文上写得很模糊，把解释的内容用很小的字写在备注信息上，或者是在图表的"边边角角"写上一些让人难以察觉却又很关键的内容。

❏ 6.4.1
查看数据备注说明信息

我们都有这样的经历：当我们在保险公司买了一份新的保险，保险合同密密麻麻好几页，一般人都没有耐心去看这些复杂难懂的条款，只是听保险公司的人怎么说，就信以为真，然后，在保险合同上签下了自己的名字。

可是没想到，一到真的出事情了，保险公司推三阻四怎么也不愿意赔钱，还美其名曰"根据保险合同条款规定，这些不属于我们的理赔范围"。我们立刻火冒三丈："怎么推销保险的时候你们都说得那么好听，到出问题了你们跑得比谁都快！"

类似的场景还有：我们去银行本来想存钱，结果银行的服务人员热情地走过来嘘寒问暖，不过没说几句，那位工作人员就问道，您对理财产品有没有兴趣？买理财产品获得的利息要比定期存款高得多，还有银行担保……然后对方把理财产品大吹特吹了一通，让人感觉天上掉馅饼了，不买他们的理财产品就好像亏了好多钱。然后我们禁不住诱惑，花了几万块钱买了银行的理财产品。

可是接下来问题就来了，怎么最后拿到的钱比之前承诺的要少？怎么一会儿说是"收益率"一会儿说是"年化收益率"？怎么当初只说了收益没有告知风险？

这些问题都出在"细节"上。不管是保险合同还是理财产品购买合同，都有冗长复杂的条款，上面写着各种细节问题，其中很多都是营销人员不会告知的，这就需要我们自己来仔细核对。有一些产品介绍里面，还会标明大段大段的脚注，对正文做出解释；而且脚注的字体往往很小，很容易被消费者忽视。

同样的，图表中隐含着许多不容易被一眼看出来的细节信息，而这些细节反而在很多时候却直接影响了整张图所要传递的信息。一些公司经常通过图表来展示自己的业绩，而同样一个柱状图，同样都是数字，营业额和利润在概念上的差别是巨大的，收益率和年化收益率也有不同。

❑ 6.4.2
注意数据图表的细节

我们在面对一张柱状图或者线形图时，要注意四周的细节，比如纵坐标与横坐标的标注和范围，图表的单位，以及图表的注释。

比如图6-18是关于美国的失业率的图表，横坐标和纵坐标的刻度、计量单位都没有什么问题，但是仔细看横坐标的"2016"的右上角有一个星号，注释中标明星号代表的是预测值，也就是说2016年的失业率并非是真实的失业率，而是预测出来的。

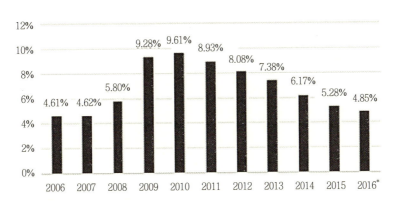

数据来源:Statista
*为预测值

图6-18 美国的失业率

上面这个例子中的细节其实无伤大雅,毕竟也算是绘图者将信息诚实标出。可是有一些图像就是有意曲解原有信息的意思了。比如有一家企业自成立以来每年的营业额如表6-2所示。

表6-2 营业额

年份	营业额(元)	年份	营业额(元)
2000	100000	2008	140000
2001	150000	2009	110000
2002	200000	2010	80000
2003	210000	2011	76000
2004	180000	2012	78000
2005	170000	2013	81000
2006	150000	2014	84000
2007	120000	2015	90000

正常绘制的一张图表应该是图6-19这样的。

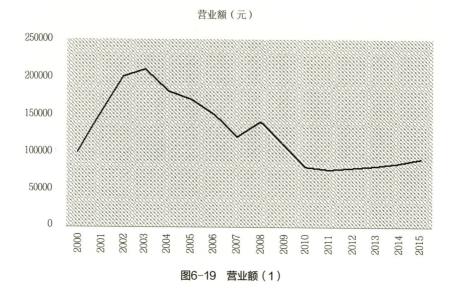

图6-19　营业额（1）

但是，如果这家企业想美化业绩，那么大可做出如图6-20的图。

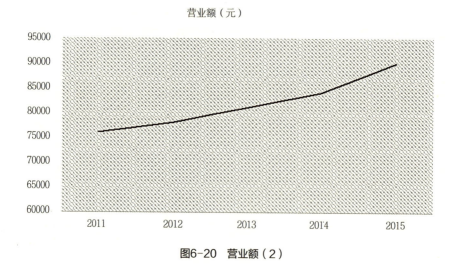

图6-20　营业额（2）

也就是只截取2011年以后每年都在增长的营业额,同时把Y轴的初始值设定得稍微大一些。如果想进一步突出增长速度,那么可以再进一步"修改",如图6-21。

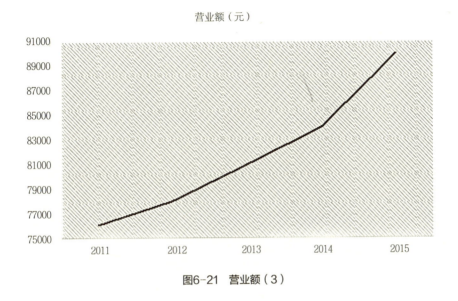

图6-21 营业额(3)

把Y轴的初始值再一次调高,调整到75000元,这样看起来像是迅猛上涨,尽管2011年到2015年销售额的实际增长幅度只有18.4%。

01010101
1110101001001110
0010101001000101
01110101010010
011010
11
1010111000000
0101
1111010100000000
100101001111
100011001
00001

第7章

广告中的数字陷阱

这一章将介绍数字陷阱经常出现的一个领域——广告。广告是商家进行营销的一个重要手段,但一些人却为了个人目的不惜虚假宣传,误导消费者,这其中数字是进行欺骗的一个"很有效"的工具。

●7.1 "降价50%销售"：真的是降价促销吗？

> 如今，顾客们一走进超市，首先映入眼帘的不是商品，而是各种大幅降价促销的广告，给人的感觉就是超市每天都在打折。打开网购平台的网站，最先看到的同样是降价广告。但是这些降价是真的给消费者让利吗？

❑ 7.1.1
先涨价后降价

先涨价后降价这样的伎俩我们在日常生活中经常看到，特别是在大促销之前。有的商家为了吸引顾客，在节假日的时候打出"折扣××%""全场五折"的广告。看着原价100元的商品一下子变成了50元，相信有不少消费者会动心。可是，这背后可能隐藏着"先涨价后降价"的玄机。

比如一种食品在网上标注的原价是24.8元，而到了10月1日国庆节假期进行了打折促销活动，打折后的价格变为18.85元，这一算下来差不多打了七五折，想想还是挺划算的，那就买下来吧。

可是，等等，你突然想起来更早以前这个商品似乎没有20多块钱这么贵啊，难道是自己记错了？这个时候你可能没有记错，因为卖家也许在这个时候耍了一个小花招，让我们来看看图7-1中这款产品的历史价格。

过去三个月里，这款产品一直都是19.84元，但是到了国庆节前的半个月，这个商家把价格提高到了24.8元，然后在国庆节这一天降价到18.85元。这么一算，价格只比之前便宜了1块钱！

●7.2 买家好评：口碑就是金钱

网络购物平台是一个不同于实体商场的地方，消费者无法亲眼看到商品的样子，只能通过网站的产品介绍来了解商品。但商家的介绍自然会多多少少对产品进行美化，这个时候就需要第三方的评价机制来应对这样的信息不对称问题，因此"买家评价"这一功能就应运而生了。

❑ 7.2.1
信息不对称——卖家怎么说都有理？

经济学中有一个概念叫"柠檬市场"，也称次品市场，是指信息不对称的市场，即在市场中，卖方对产品的质量拥有比买方更多的信息，因为"柠檬"（Lemon）在英语中还有"次品"的意思，以此得名。在这种情况下，会造成逆向选择，导致市场萎缩停滞。

柠檬市场最著名的例子就是二手车市场。在二手车市场中，汽车的卖家和买家拥有的信息是不对称的，卖家显然比买家对这辆汽车了解得更多，买家无法真正分辨出商品质量的好坏，因此对卖方存在天然的不信任感，他们只能是想办法压低价格以避免信息不对称带来的风险损失。可是如果价格过低，那么质量好的汽车的车主也不愿意低价出售，所以只能退出市场，这样高质量的汽车都逐渐地离开了市场，最后导致二手车市场萎缩，只剩下低质量的商品。

网上购物平台也是一个信息不对称的市场，因为无法面对面地看到商品实物，买家不知道产品到底质量如何，也不知道卖家信誉怎么样，能看到的只有商品的描述和照片，所以卖家掌握的有关商品的信息要多于买家。作为消费者来说，或许我们会认为在这种情况下，卖家可以随意夸张自己的产品质量，买家处于十分弱势的地位，很容易受骗买到不合适的商品。不过根据柠檬市场理论，如果这样的市场如此发展下去，顾客就算看到照片或者文字描述也会觉得商品可能根本没有那么好："会不会照片和实物不一样？花那么多钱被坑了怎么办？要不干脆就买个便宜的吧！反正就算亏了也亏不了太多钱。"这样，越来越多的消费者会去选择那些类似商品中价格低的那一家，那么优质店家就会逐渐离开市场。

如果照这样发展下去，购物网站迟早要关门，所以这就需要有一个第三方的机构来对卖家做出评分，包括产品质量、卖家信誉等，这样的评分可以缓解买家和卖家之间信息不对称的问题。这也就是购物网站上的评分和买家留言系统。

7.2.2
刷单导致偏差

对于网上购物平台的独立卖家来说，买家的评分对自己的生存发展至关重要，通过消费者的评价和评分，能够在一定程度上反映出卖家的真实情况，因此我们在网上购物的时候，卖家评分和买家的评语成了决定是否下单的重要因素，这样口碑在一定程度上就等于金钱。

如果你看到许多买家的留言都是类似于"发货很快，东西性价比很高，很满意，给商家点个赞"这样的评论，同时评分接近于满分，你是否就会认为这个卖家很值得信赖呢？这样的评论可能是一般顾客真心实意留下的，也有可能是职业刷手写的。

一些卖家为了在短时间内聚集起超高的人气和信誉，通过"刷单"的方式，破坏游戏规则。这些刷手们在并没有真正购买商品的情况下（比如接空包），给卖家写好评、打满分，并从中获得一定的报酬。在如此情况下，卖家店铺的评分已经完全无法反映出卖家商品的真实情况。

7.2.3
"给好评送礼物"

我在网上购物的时候经常会遇到这样的情况，在收到商品之后会发现，随着商品寄来的还有一张纸条，上面写着"给好评，返红包2元"之类的字样，商家的目的同样是为了更多的好评和更高的评分。相比于上一种刷单这样的涉嫌消费者欺诈的行为，这样的"给好评送礼物"相对来说要"温和"许多。相信有不少消费者会为了这个红包返现而去给好评，但是这种营销手段有违评价的客观真实原则，误导了买家的购物决策，同样破坏了评分体系。因此，一些网络购物平台开始禁止这样"好评返现"的行为。

以上我们都是站在消费者的角度来考虑的，那么卖家自己呢？许多新开张店铺的小卖家抱怨说，如果不通过刷单或者其他"非正常"的方式，自己的店铺永远都只能在搜索页面的后面几页，甚少有顾客问津，生意永远也做不起来。当我们看到一些店铺做得风生水起、赚得盆满钵满的时候，也应该意识到，这样的成功商家只是少数中的少数，大部分中小卖家的盈利依旧不容易。

我们再说回评分体系，有一些买家在购物之后会主动向卖家要求"好评返现"，如果卖家表示没有这项服务，那么买家甚至会"威胁"说要给商家差评。这样的买家近似于"勒索"的行为同样破坏了评分体系。还有一些是同行竞争者故意给的差评，同样影响恶劣。

不管是卖家主动通过不正当的方式寻求好评和高分，还是买家故意给出差评和低分，都会直接造成评分体系出现偏差，所以消费者在网上购物时要擦亮双眼、货比三家，评分数字也非完全可信。

●7.3 夸张宣传误导消费者

> 许多企业都会花大价钱在广告推广上，虽然人人都知道，"王婆卖瓜自卖自夸"的道理，但是没有广告宣传，企业的产品和品牌都是难以推广下去的。不过一些广告由于过分地夸大产品功效，也经常受到消费者的诟病。

❑ 7.3.1
一周美白：公开的数字与背后的信息

    2015年11月，北京大学化学系一位教授写了一封状告信，状告的对象是一家电视台，这家电视台在晚间黄金时段播出了一则15秒的化妆品广告，广告中一家化妆品公司表示自己的化妆品纯天然，不含化学成分，并且不断重复"我们恨化学"这句话。北大教授认为，这则广告反科学，破坏化学教育。此事随后引起了人们的热议，有人指出没有化妆品可以做到不含化学成分，这么说完全是故意误导消费者。不过也有人认为，广告不是科学，更像是一门艺术，"恨化学"是表达公司对时下化妆品市场滥用化学品的一种不满，并没有反对化学这门学科的意思。不过后来，该公司还是撤下了这则广告。

    广告当然与科学不同，但广告也不能违反科学，如果广告对商品或者服务作虚假宣传，获取非法利益，严重损害消费者利益，则涉嫌广告欺诈，这就不是一句"广告是一门艺术"可以搪塞过去的。

    化妆品是虚假宣传的重灾区，常见的手段是美化产品原料、夸大化妆品效果。比如化妆品100%纯天然，其实是指该成分来自于植物或者有机物，而非人工合成。但是植物提取物是无法直接用来制作成护肤品的，而是要经过防腐等处理工序，并与其他成分相混合，这个时候的"100%纯天然"早就不是"纯天然"了。

还有的化妆品宣称能够让人"一周美白""快速除皱"，这些说法都和上面的类似，卖家为了迎合消费者"爱美"的心理而夸大产品效果。2015年7月，国务院法制办公室公布《化妆品监督管理条例（修订草案送审稿）》，今后化妆品生产者需对化妆品的功效宣称负责，化妆品的功效宣称应当有充分的科学依据。

除了化妆品行业，日化洗涤产品也经常爆出虚假宣传的新闻。有一家世界知名的牙膏品牌在中国拍摄了一个广告，广告语是"只需一天，牙齿就真的白了"，并邀请了娱乐圈的明星代言，在广告中这位明星的牙齿显得十分美白。

然而在2015年3月，上海市工商局表示这家公司构成虚假广告，被处罚603万元罚金。广告显现的牙齿美白效果，其实是后期用电脑软件修改出来的，并非实际使用效果。事实上，中国从2013年9月1日起就实施了《功效型牙膏标准》，根据规定，要想宣传牙膏功效，必须出示验证报告才行。显然"一天就能让牙齿变白"是夸大宣传。

❏ 7.3.2
前提条件不明——隐藏的技巧

十多年前，飞利浦曾经推出过几款拥有超长待机时间的手机，最长的能够待机长达一个月时间，这对于如今的手机是根本无法想象的。记得那个时候，正常使用这样的手机，也能够使用一个星期以上不充电。虽然在功能机时代手机耗电量要比现在小得多，但如此长的续航时间，在当时也是绝无仅有的。

如今，飞利浦早已退出手机市场，新的厂商不断涌现。各类电子产品的功能越来越多，屏幕色彩越来越绚丽，可是电池储电技术一直发展相对缓慢，我们总是会抱怨电池怎么这么不耐用？这样一个场景我们经常会遇到：刚买来的笔记本电脑，宣传广告上号称电池能一次使用10个小时，可是我们自己一用，怎么6个小时电脑就快没电了？

同样的，一些手机厂商也会在介绍中提到续航时间，可是我们实际当中使用的时间怎么都是比官方给出的续航时间要少，手机电量怎么总是不够用？

这到底是商家夸大宣传，还是我们使用不当？

其实问题还是出在信息不完整上。官方给出的续航时间通常是一个估计值，而且是在特定的使用环境下进行的测试，比如说是浏览网页能够达到10个小时。不同的使用环境对电量的消耗是完全不同的，玩大型游戏肯定要比看网页耗电，就算看网页，打开2个网页和打开20个的耗电量也是不同的。而我们在日常使用当中，经常要在不同的功能中切换，所以耗电量肯定不会小。

手机续航也是类似的，听音频和看视频的耗电量不同，用2G网络和用4G网络的耗电量同样不同，如果不加以说明，很难对续航时间给出一个具体的小时数。现在，一些手机厂商已经根据不同的使用场景给出了更加具体的续航时间，如表7-1所示。

表7-1　手机续航时间

通话时间	使用 3G 网络时最长可达 14 小时
互联网使用	使用3G网络时最长可达10小时，使用4G LTE网络时最长可达10小时，使用无线网络时最长可达11小时
视频播放	最长可达11小时
音频播放	最长可达50小时

此外，一些第三方的测评机构也会对电子产品的续航能力进行测试，他们的测试方法会更加贴近现实，模拟生活中的使用场景，比如：

30分钟网络视频播放

30分钟阅读电子书

30分钟微博

30分钟游戏

30分钟微信

30分钟打电话

……

最后测算剩余电量，并用同样的标准测试其他手机续航，然后对剩余电量进行对比。这样得出的续航时间相对来说可信度更高。

●7.4 流量为王的时代

> 除了广告这种传统宣传手段，在互联网时代，更加直接的方法是增加流量，文章、视频的流量变得前所未有的重要，简单的几个数字不仅意味着曝光率的提高，更是变现的最好手段。

❑ 7.4.1
能到"10万+"才算火爆

以前从事营销行业的人口中总是要说"渠道为王"，因为渠道的长短一般是按流通环节的多少来划分，渠道宽窄取决于渠道的每个环节中使用同类型中间商数目的多少，采用不同类型的渠道，决定着能否及时把握市场信息、灵活调整战略、资金周转速度，以及企业的盈利水平。

不过到了互联网时代，流量变得前所未有的重要。早先还是门户网站独领风骚的年代，网页的点击率是网站生存的关键，点击率越高，浏览网页的人就越多，对话题感兴趣的人也越多，那么网站之后进行增值服务就会有更大的可操作空间。

之后，互联网逐步移动化，人们上网越来越依赖手机、平板电脑等移动设备，移动互联网时代到来。到了移动互联网时代，流量的重要性进一步突显出来，特别是近年来自媒体的崛起，每一个普通人都能够成为信息发布者，从最早只能发布文字内容，到后来可以发布图片，再到后来的视频，沟通看起来变得越来越扁平化，信息的流通变得越来越迅速。现在的媒体宣传手段，又增加了一条：拥有粉丝×万，或者订阅量达到×万。一条微博信息的火热程度，只需要看转发量、留言量和"赞"的数量就可以了。一篇微信文章，阅读量是最直接的受关注程度指标，如果能够达到10万+，那毫无疑问就说明这篇文章已经大火了，因此，"10万+"也成了这个时代特有的指代一篇文章火热程度的称呼。

7.4.2
赚流量也要守规矩

如今人们对流量前所未有的追捧，正是因为有了流量和订阅用户，便可以尝试"变现"赚取利润，比如投放广告、开网点等，只要有粉丝愿意买账就可以，因此流量也在一定程度上意味着现金流。

既然有利可图，那就会有"不法之徒"。想要赢得粉丝并不容易，不过，在网络上可以轻易搜到给自己增加粉丝和流量的服务，几乎包含了各个主要的社交媒体平台，几块钱就能买上百个粉丝，商家还美其名曰"推广营销"。虽然粉丝是假粉丝，流量是假流量，但是真正的网友看到拥有众多粉丝的大V，不少人也会愿意去关注一下他们，这样真正的可以变现的粉丝们就会源源不断地到来。"马太效应"在这里也是存在的。

这门生意听起来是以小博大、风险极低、利润极高的，可是世间哪里会有这么好的事情，不守规矩的人总有一天要露出马脚的。

2016年9月28日，微信突然出手，对某些违反公众号平台规则的行为判定进行了一些处理，导致大量刷公众号阅读量的工具崩溃，很多平时靠买流量抬高人气的公众号立马"现了原形"，一些每篇文章平均阅读量2万多的公众号，到了微信采取治理措施的9月28日，阅读量降到了1千多，而经常写出10万+的公众号，到这一天阅读量只剩下了2万。27日和28日两天之间阅读量的巨大差异让人不得不怀疑之前的阅读量很有可能是买来的。由于数据太难看，一些公众号甚至直接删除了28日的文章。

十分具有讽刺意味的是，到了信息时代，许多信息反而变得更加不可信了，除了微信上的刷阅读量行为，微博上的舆论方向更是被一些营销公司所控制，这些公司拥有多个微博大号，大号之间相互宣传，大号带动小号吸粉，逐渐壮大成一支粉丝众多的队伍，一旦他们关注某一个话题，那么这个话题很容易就成为网上热议的话题，而如果他们有意倾向于某一个观点，那么整个舆论场都可能被影响。这其中更不用提那些在各个网络平台都到处存在的"水军"了。

在这种扭曲的话语权机制下，人们看到的信息往往存在大量虚假内容，数字所代表的热门程度并不是真实的，网上所呈现出的舆论立场或许也是粉饰过的，数字在这里只是被操纵的提线木偶。或许网络平台在日后可以通过技术手段解决这些问题，但是已经被虚假数字所影响思维的读者，以及他们之后所做出的决定，却是难以逆转的。

第 8 章

公司运营中的数字陷阱

企业运营也离不开数字，展示企业业绩需要收入、利润、增长率这样的指标，管理企业需要对员工的绩效进行量化，毕竟数字是客观的，也是容易进行比较的。但公司运营中也存在着诸多错用数字、对数字做手脚的现象。

8.1 营业收入与利润

收入和利润都能反映一家企业的效益和规模,但二者也有很本质的区别,其中最重要的便是是否考虑成本。一些企业看起来营业收入很高,但实际上只是"虚胖",由于成本过高,其孱弱的盈利能力被营业收入数字掩盖起来了。

8.1.1 卖得越多,赚得越多?

营业收入和利润的差别显而易见,营业收入考虑的是销售的产品或提供的服务所带来的总流入,也就是能卖出去多少东西。而利润则还要顾及成本,也就是能够赚多少钱。如果成本一定的情况下,高营收自然能够带来高利润,不过现在很多企业拥有很高的营业收入,但利润可能并不那么尽人意。

营业收入经常被看作是企业成功与否、企业规模大小的一个重要指标,比如《财富》杂志每年评选的世界500强企业,依照的一个最主要标准就是企业的收入。2016年7月公布的世界500强名单中,排在前十名的企业记录在了表8-1中。

表8-1 2016年7月世界500强企业前十名

排名	公司名称	营业收入/百万美元
1	沃尔玛(WAL-MART STORES)	482,130
2	国家电网公司(STATE GRID)	329,601.30
3	中国石油天然气集团公司(CHINA NATIONAL PETROLEUM)	299,270.60
4	中国石油化工集团公司(SINOPEC GROUP)	294,344.40

续表

排名	公司名称	营业收入/百万美元
5	荷兰皇家壳牌石油公司（ROYAL DUTCH SHELL）	272，156
6	埃克森美孚（EXXON MOBIL）	246，204
7	大众公司（VOLKSWAGEN）	236，599.80
8	丰田汽车公司（TOYOTA MOTOR）	236，591.60
9	苹果公司（APPLE）	233，715
10	英国石油公司（BP）	225，982

这些企业是世界上营业收入最高的十家企业，它们不仅耳熟能详，而且从营业收入上来看都属于巨无霸级的企业。但这就代表这些企业一定很赚钱吗？我们再来看一下这十家企业的利润额，如表8-2所示。

表8-2　2016年7月世界500强企业的盈利情况

营收排名	公司名称	营业收入/百万美元	利润/百万美元	利润排名
1	沃尔玛（WAL-MART STORES）	482，130	14，694	20
2	国家电网公司（STATE GRID）	329，001.30	10，201.40	31
3	中国石油天然气集团公司（CHINA NATIONAL PETROLEUM）	299，270.60	7，090.60	63
4	中国石油化工集团公司（SINOPEC GROUP）	294，344.40	3，594.80	146
5	荷兰皇家壳牌石油公司（ROYAL DUTCH SHELL）	272，156	1，939	225
6	埃克森美孚（EXXON MOBIL）	246，204	16，150	16
7	大众公司（VOLKSWAGEN）	236，599.80	−1，519.70	475
8	丰田汽车公司（TOYOTA MOTOR）	236，591.60	19，264.20	9
9	苹果公司（APPLE）	233，715	53，394	1
10	英国石油公司（BP）	225，982	−6，482	493

营收高的企业并不意味着利润也高，世界第一大企业沃尔玛的利润额在500强企业中只能排到20位，而大众和英国石油公司的利润更是直接落到了最后几位，所以卖得多不一定都赚钱，这两家企业在过去一年都出现了大幅亏损的情况。利润最高的苹果公司在营收中则排在第9位。

❏ 8.1.2
所谓"互联网思维"——先烧钱圈地，再考虑盈利？

近些年来，随着互联网的发展，市场上出现了一个新的概念，叫"互联网思维"。具体什么是"互联网思维"，不同的人有不同的看法，但这种思维是在互联网时代冲击下对人们思维模式、思考方式和商业模式的一种变革，与传统的工业化思维呈现出截然不同的"玩法"，具有这样一些特征，比如从用户角度出发、扁平化、流量思维，社会化思维等。

随着政府提出的"互联网+"战略，更是把火热的"互联网思维"再添上一把火，一个个新型的商业模式，比如互联网+打车=打车软件，互联网+吃饭=外卖软件，互联网+看电影=电影票网站，互联网+购物=网上购物平台和团购网站……互联网经济，特别是移动互联网经济呈现出一片热闹的景象，丝毫不输给发达国家，甚至在不少方面要比欧美国家更进一步，以至于在国外待了很长时间回国的华人，看到中国国内的亲戚朋友们拿着手机都能够解决日常衣食住行的所有问题，不禁感叹"国内发展太快了""自己已经落伍好多年"……

不过，繁华的背后也有隐忧。有人调侃说，"互联网思维"其实就是"烧钱换流量和用户"。各种生活类的手机软件在发展初期，都会拿出大量资金补贴消费者：看一场电影还不到10块钱，两三块钱就能打一次车，吃一次高档饭店的外卖也才几块钱……这样以远低于成本价的价格来赔本赚吆喝，就是要先积累用户，占领市场。那么钱从哪里来呢？只要前期产品做得好，有用户愿意使用，或者甚至是只要自己的创业故事讲得好，那么总会有人来投资的。拿着投资人的钱先"烧"着再说，亏损根本不算什么事，等到以后市场都是我的、企业做大了、用户都来用我的产品的时候，赚钱就是水到渠成的事了。

下面我们在表8-3中回顾一下这些年中国打车软件的烧钱大战：

表8-3 打车软件的烧钱大战

2012年下半年，滴滴拿到A轮300万美元融资，开始大规模圈地	2013年4月，快的获得阿里巴巴、经纬创投1000万美元A轮投资
2013年4月，滴滴获得腾讯1500万美元B轮投资	2014年4月，快的获得阿里等1亿美元B轮投资
2014年1月，微信支付进驻滴滴	2014年1月，支付宝进驻快的
2014年1月，滴滴获得腾讯与其他投资机构1亿美元C轮投资，滴滴一个星期补贴过亿。3月到4月，滴滴最多一天能烧掉1个亿	2014年4月，快的获得老虎基金、阿里8000万美元C轮投资
2014年12月，滴滴再获7亿美元D轮投资	2015年快的获得6亿美元D轮投资
2014年5月16日，两家企业停止补贴大战的恶性竞争。滴滴已经补贴14亿元人民币，快的也补贴了超过10亿元人民币	
2015年2月14日情人节，滴滴打车和快的打车宣布合并	
2015年3月份起，国际性的打车软件Uber的中国区业务"人民优步"全线降价30%。整个上半年Uber中国烧掉了近15亿美元	
2015年5月，滴滴快的为了对抗Uber中国，宣布投入10亿美元补贴快车业务	
据腾讯科技估计，2015年全年，滴滴亏损在15亿美元左右，而Uber中国亏损在10亿美元左右	
2016年8月1日，滴滴与Uber中国宣布合并，专车大战宣告结束	

经过了持续数年、耗资上百亿元人民币的补贴大战之后，滴滴在打车软件群雄逐鹿的乱局之下杀出重围，成了中国打车市场上最大的玩家。类似的故事也发生在团购、外卖软件等其他O2O领域[①]，对于这些企业来说，前期更加重

---

① O2O：即Online To Offline，从线上到线下，是指将线下的商务机会与互联网结合，让互联网成为线下交易的平台。

视的是用户数量和市场份额,利润完全不是考虑的因素。

这种商业模式同传统的工业化模式显然有着根本上的不同。这也就导致了许多互联网企业的用户数量、营业收入等指标看起来都非常好,但就是不能看利润情况,因为许多企业经过了若干年的发展,依旧没有盈利能力。

接下来我们来看一下中国互联网领域的其他企业。2014年,中国互联网企业营业收入排在前十位的如表8-4所示。

表8-4　2014年中国互联网企业营收10强

排名	企业名称	营业收入/亿元
1	京东	1150
2	苏宁云商	1091.16
3	腾讯	789.32
4	小米	743
5	阿里巴巴	708
6	国美电器	603.6
7	百度	490.52
8	唯品会	235.56
9	新浪微博	125.13
10	网易	124.8

中国互联网中最具影响力的三家巨无霸企业BAT(百度、阿里巴巴和腾讯),只能排在三名之后,营业收入最大的则是两家电商企业京东和苏宁云商。不过我们再来看一下利润排在前十位的企业,如表8-5所示。

表8-5　2014年中国互联网企业利润10强

排名	企业名称	利润/亿元
1	阿里巴巴	269.94
2	腾讯	238.1
3	百度	141.5
4	小米	65
5	网易	47.57
6	蚂蚁金服	26.3
7	分众传媒	24
8	东方财富	16.57
9	搜房网	15.49
10	奇虎360	13.6

三家互联网霸主企业分居前三位，而京东和苏宁云商则不在前十名当中。如果我们再看一下亏损排行榜，就会发现一个有趣的现象，请看表8-6。

表8-6　2014年中国互联网企业亏损前十位

排名	企业名称	利润/亿元
1	京东	−50
2	去哪儿网	−18.47
3	搜狐	−5.93
4	合一集团	−5.56
5	PPTV	−4.85
6	途牛	−4.24
7	新浪微博	−3.88
8	艺龙	−2.69
9	窝窝团	−2.33
10	兰亭集势	−1.84

作为营业收入最高的互联网企业,京东也是亏损额最高的企业,2014年亏损金额达50亿元人民币。京东2015年财报显示,京东2015年亏损94亿元。但是另一方面,根据2016年《财富》杂志排名,京东首次入围世界500强行列,排在366位,也是榜单中唯一入选的互联网企业。

这不禁让人感叹,原来"亏损大户"也能成为世界500强。不过正如上一部分所述,世界500强是按照营业收入排名的,京东2015年的营收达到了288.47亿美元,毫无疑问已经是一家规模巨大的企业。京东是一家B2C类型企业,网站上大部分商品都是自营的,因此只要有交易,都会进入到营业收入当中。所以只要交易量大,营业收入自然上涨很快。相比而言,阿里巴巴旗下的淘宝是一个第三方交易平台,收入主要来源于广告、交易佣金等,商品交易并不会算入阿里巴巴的营业收入。

而京东的亏损额如此之大,原因主要在于,京东是通过商品进货与卖出之间的差价来赚钱的,这部分利润率有限。而且京东近些年来投入了大量的资金在仓储、物流,以及包括金融在内的新业务上,所以就是"钱来得快,花得也快"。不过只要有充足的现金流和不断扩张的业务,京东依旧会是阿里巴巴在电商领域的一个强有力的竞争对手。

●8.2 增长：环比增长还是同比增长？

新闻报道经常使用这样的词语：某商品的产量增长率达到××%，某产品的销量增比为××%。这里的"增长率"和"增比"指代的增长情况是值得商榷的，如果时间是以"年"为单位，那么肯定不会出现误解；而如果是"月""季度"等比年份要小的单位，那么这里的指代就不够明确了。

增长率有两个不同的概念，一个是"环比增长率"，另一个是"同比增长率"。环比增长率反映的是本期与上一期相比的增长情况，比如这个月与上个月；而同比增长率反映的则是本期与去年同期相比的增长情况。

比如2016年10月份销售额，那么它的环比增长率和同比增长率分别是：

$$环比增长率 = \frac{（2016年10月销售额-2016年9月销售额）}{2016年9月销售额 \times 100\%} \times 100\%$$

$$同比增长率 = \frac{（2016年10月销售额-2015年10月销售额）}{2015年10月销售额} \times 100\%$$

这两个增长率在涉及受时间或季节影响比较大的商品时，区别会很明显。比如：2016年2月份，某品牌羽绒服的销量环比下降15%。相对而言，这一数字并非是不可接受的结果，因为"环比"指的是与2016年1月份的销量相比，而到了2月份，很多地区气温开始逐渐回暖，对羽绒服的需求量下降，所以环比降低是正常的。当然，一般不会有羽绒服生产企业公布这样一个数字，首先它的意义并不是特别大，其次它还会给企业造成不必要的负面影响。

可是，如果羽绒服生产企业公布的数字是，2016年2月的羽绒服销量同比下降15%，那可能就会有麻烦了。假设我们排除气候变暖等因素的影响，这一年2月的销量比上一年2月大幅下降，原因可能是企业自身出现了问题，或者竞争对手挤压了自己的市场，这样问题就会比较大了。两者相比，对于羽绒服企业来说，"同比"比"环比"的参考意义更大。

另外一个例子是关于欧洲的难民问题的。2015年8月份开始,中东及巴尔干地区的大批难民开始向西涌入欧洲,欧洲在社会、文化、安全等各个方面遭遇巨大挑战,欧盟面临第二次世界大战以来最严重的难民危机。假如一组数据显示,2015年11月,进入欧盟境内的难民数量环比增长80%,同比增长200%。那么哪个数字的意义更大呢?

在难民危机中,人们更加关心的是现在来了多少难民,数量是增多了还是减少了,而比较的对象则是上一期的数量,在这里也就是上个月,即2015年10月的难民数量。环比增长80%说明依旧有大量难民正在涌入欧盟,而且增长势头明显。而"同比增长200%"中的数字虽然更大,能够更加吸引眼球,可是比较的对象则是去年同期,即2014年11月的难民数量。那个时候欧洲还没有难民危机,如今的难民数量比那个时候增长得再多,对于指导实际也没有太大的意义。

●8.3 企业带动纳税5000亿元

这一部分源于一个故事：2015年年初，中国的一家电商企业举行年会，在会上公司创始人表示，2014年公司总缴税金额超过46亿元。预计未来净收入将超过1万亿元，直接纳税超过700亿元，间接纳税超过5000亿元。

这本来是一件挺好的事情，但随后网上流传出了一篇文章，指出这家公司说自己纳税5000亿元，实际上他们几乎从未纳过税。首先，因为该公司一直亏损，所以几乎没有缴纳过企业所得税，企业创始人只是夸大了增值税的作用。第二，作者认为增值税其实都是消费者交的。所以这家公司大部分的税收都不是自己交的，企业这么说其实是在混淆视听，自己的企业根本没有交多少税。

税收体系是一个庞大复杂的系统，不是专业的从业人员很难搞清楚其中到底有多少门道。这篇反驳的文章指责这家电商企业忽悠人，但实际上这篇文章也具有一定的误导性。这家公司企业所得税缴纳的确实很少，上文中曾经介绍过，这家企业近年来一直在亏损，而企业所得税是按照企业利润来缴纳的，所以也不怎么缴纳企业所得税。

而增值税是一种在商品和服务的流通环节征收的税，问题的关键在于，增值税是否真的只由消费者承担。增值税在税法和会计上的承担主体不同，而在经济学上，这类税款是消费者和商家共同承担的。不过这家企业作为营业收入额十分高的企业，在商业上带动上下游的发展，在内部养活了众多员工，这上上下下、内内外外都能带动大量税收的提高。

●8.4 注水的KPI

为了实现企业的更优化的管理,企业的规章制度通常对员工的业务目标进行量化,每到一个时间节点就会根据指标来考核员工的工作情况,也就是所谓的KPI。但正所谓"上有政策,下有对策",既然都是用数字来考核,那么也就会出现对数字做手脚的情况。

8.4.1 KPI是用数字量化来考核的方式

假设你是一家公司的所有者,公司里面分了好几个部门,因为公司的规模不算小,所以你无法一个人掌管公司的所有事情,因此你给每个部门都设立了一个部门主管,由这些小领导来负责各部门的事务。在经济学当中,"你"作为企业所有权的拥有者,被称作委托人,而各部门主管就是代理人,负责具体经营。所有权和经营权分离,企业所有者保留剩余索取权,而将经营权利让渡,这就是委托代理理论(Principal-agent Theory)。

委托代理理论是建立在非对称信息博弈论的基础上的。非对称信息指的是某些参与人拥有但另一些参与人不拥有的信息。但就是因为这一特征,导致这样的模式会产生委托代理问题,即代理人由于和委托人的目标函数不一致,代理人可能会做出偏离委托人预期或损害委托人利益的现象。你作为公司所有者,当然是希望部门领导作为代理人能够努力工作,把公司业务搞好,给公司赚更多的钱。另外,你也希望部门领导的人品都是好的,不会做出中饱私囊、侵占公司财产的事情。可是部门领导呢?首先他们当然希望自己的业绩会越做越好,因为业绩越好自己的收入可能会越高。但有时你的这些下属的行为可能并不符合你的预期,甚至还有可能为了蝇头小利而损害公司利益,比如将公司的钱款占为己有。毕竟说到底,这些部门领导做得再好,也还是"打工的",公司也不是自己的,自己只要赚够了钱就行,以后无非就是换一家公司工作而已。或者有的主管比较慵懒,对待工作漫不经心,每天都在公司混日子,当一天和尚敲一天钟,只要每个月有工资拿就很满意了。

那么,你作为公司的所有者就会很头疼了,你自己无法每天盯着每个下属都在干什么,这该怎么办呢?这个时候,KPI横空出世了。KPI(Key Performance Indicator)的意思是关键绩效指标,指的是通过对组织内部流程的关键参数进行设置,衡量流程绩效的一种目标式量化管理指标。也就是定下一个目标,分配到各个部门,最终就看这些下属能否完成目标。KPI的好处是可以使部门主管明确部门的主要责任,并以此为基础,明确并评估部门人员的业绩衡量指标。

正因为如此,KPI被很多公司引入,特别是规模比较大的公司。比如每个月的产品销售额、手机客户端的活跃用户数、网站新闻的点击率。将前进的目标和业务目标进行量化,不仅能够确保员工努力工作,降低监督成本,而且还能够确保公司朝着共同的目标前进。

❏ 8.4.2
只要有数字就可能被操控——虚假业绩的例子

尽管KPI被广泛应用,但其弊端也经常被人诟病。

第一,是否所有绩效都可以量化?用户数、点击率、日活跃用户数量、月活跃用户数量这些是可以量化的,但是一些长期来看对公司有益,但短期无法见效的措施,恐怕就会被扼杀在摇篮里。还有一些东西是来源于员工的经验和直觉，一款产品"就应该这样设计"，这些主观的想法也难以量化。

第二，如果员工工作只看KPI，只朝着那一个个数字前进，那很有可能会扼杀员工的创造力，整个部门都只去做能够提高KPI的事情。如果只是导致公司缺乏活力和想象力，倒还不是最严重的；最严重的是，一些KPI目标定得过高，导致一些员工铤而走险，做出违背职业道德甚至违法的事情。

有两家门户网站A和B，都以做新闻为主，是竞争对手。两家网站都十分看中新闻后面的网友评论的数量，也成了两家比拼的重点。有一天，A网站为了增加评论数量，上线了一个新的功能，只要网友点击一下"顶"，就会自动生成一个简短的评论，类似于"赞同文章"。这一功能收效明显，没过多长时间，A网站的评论数量就甩出B网站一大截。B网站应该怎么办，业绩压力太大了，要不也增加类似的功能？后来犹豫再三，B网站没有跟进。

过了几个月，A网站自己把自动生成评论的功能取消了，原因是，虽然评论数量猛增，但评论的质量不仅千篇一律，而且没有任何值得看的内容，一个好看的数字对于提高网站质量和用户体验反而帮了倒忙。而B网站一直坚持让用户自己写评论，各种观点百花齐放，日后反而成了该网站的一大特色。

还有一家网站，他们的贴吧具有很大的知名度。对于论坛类型的社交网站来说，最常见的KPI指标就是活跃用户数。公司为了提高用户数量，开始在各个页面投入大量的广告以及各种防不胜防的链接，之后又出现了各种恼人的广告，虽然KPI的目标达到了，但整个页面变得杂乱无章，让人已经分不清到底哪些是网友的发帖哪些是广告了。

第9章

网络谣言中的数字陷阱

人们的生活现在已经离不开网络，网络带给我们无限便利的同时，也蕴藏着许多陷阱，各种网络谣言充斥在我们周围，特别是带有数字的谣言更加具有欺骗性。不管辟谣文章多么科学和客观，但其传播力度往往都不及谣言。

9.1 为什么谣言比辟谣更受欢迎？

> 虽然俗话说谣言止于智者，可是如今谎言花样翻新，特别是在社交媒体上，每天传播的信息其实很多都是虚假的。有人不无调侃地说，每个骗子都是一个很好的心理学家。确实，这些谣言能够最大限度地抓住读者的好奇心，并用最吸引人的方式灌输自己的思想，让人防不胜防。

9.1.1 人类偏好耸人听闻的故事

以前我听说过一句话：什么是新闻？"狗咬人"不是新闻，"人咬狗"才是新闻！

如果新闻专业的人听到这话，一定会大骂对方根本不懂什么是新闻。不过这句话在新的时代却有了别样的理解。

打开微信刷朋友圈的时候，霸占版面最多的就是那些养生保健的文章。按说养生是好事情，但是如果养生文章为了博取点击率而胡乱造谣，那就十分恶劣了。《凤凰周刊》主笔段宇宏在一篇名为《微信朋友圈的两大黑暗势力》中表示，微信朋友圈有两大帮派，一个是养生党，一个是鸡汤党，他们的背后都是营销公司在操纵，他写道：

"这两大帮派主要有三大工作任务：一、折腾人类的日常食物；二、折腾人类的日常生活；三、折腾人类的精神世界。虽然他们对物品的化学成分一窍不通，也没做过任何实验；虽然他们通常不能认全26个英文字母，也没看过一篇论文，但来自国内外某媒体、某机构、某'砖家'的惊悚资讯总是那么'快捷和准确'。"

他们的文章通常都会起一个耸人听闻的标题，"延长寿命40年，就用这一招""预防Wi-Fi辐射的五大绝招""央视曝光：再也别吃生姜了""这些食品千万不要一起吃，转给身边亲人"……

这些题目本来就已经够吓人的了，作者还非要再加上这样的前缀："震惊亿万人""删前速看""内幕震惊国人""真相触目惊心"……

网络上的文章取一个吸引眼球的标题，被称作"标题党"，而这些标题党不仅题目夸张，内容也让人咋舌，看完这些文章之后的感觉就是：天底下好像什么东西都有毒，没有什么东西能吃了。

但就是这样的标题党，能够博得更多的点击率、更高的转载率和更广泛的传播力度，这种文章的阅读量和转载量总是高得惊人。人们也确实更喜欢这样耸人听闻的故事，砒霜有毒这种事情大家都知道，而生姜"有毒"又有谁知道？看到"生姜能致死"这样的文章，大多数人自然愿意点进链接去看看。

❏ 9.1.2
带有数字的谣言更可怕

一些谣言为了提高可信度，还增加了许多数字来加以佐证。比如曾经有一个流传甚广的谣言：吃一包泡面需要肝脏解毒32天。谣言说：**这里面的罪魁祸首是BHT（防止食物酸化的安定剂）。首先，由于泡面都经过油炸，油中需要添加BHT。其次，碗装泡面塑料碗的材质是聚苯乙烯，为防止加热后变形，也添了BHT。在冲泡过程中，塑料碗遇高温，这些物质就会溶解。人体每天每公斤体重摄入聚苯乙烯的危险量是0.001毫克，一个碗装泡面所溶解出来的是0.015毫克。**

这段话写的"有理有据",既有专业术语,也有具体数字,看起来可信度很高。

可是专家解释,BHT是包括我国在内的世界上多数国家都许可使用的一种抗氧化剂,平时添加的量都非常非常小,只要按照国家许可,在方便面中适量添加抗氧化剂对人体不会造成太大影响。

还有一个经常在这类文章中出现的物品是马桶:

"手机触摸屏比马桶还脏十倍!"

"桌子看上去似乎很整洁?不,其实办公桌上的细菌数量是马桶的400倍!"

"办公族的手最经常接触的键盘,这里的细菌大约是马桶的200倍!"

"饭店里菜单上的细菌大约是马桶的100倍!!"

这种《难以置信!××居然比马桶还脏!》的新闻如果看多了,会让人有一种错觉:原来身边什么都很脏,马桶才是最干净的地方。

但是我们生活中经常会接触到的东西,真就那么脏吗?曾经有一家媒体对北京市几家知名快餐店进行了食品安全调查,并做了实验,结果发现这些饭店的食用冰块菌落含量比每毫升菌落150个的马桶水高,冰块比马桶水还脏。这篇报道看似有实验有数据,很有说服力,可是后来也有人指出这完全就是一种噱头,因为电视台在实验的过程中,从盛装冰块的容器到运输等方面都存在问题,可能会导致二次污染。或许这几家饭店的冰块的确存在安全问题,但是可能并不如新闻报道所渲染的那么耸人听闻,因为细菌无处不在,并不是所有的细菌种类,也不是任意数量的细菌都能致病。凡是涉及这样的科学性问题,不仅实验要规范,而且在对实验结果的说明上也要严谨。

❑ 9.1.3
谣言通常比充满科学味的枯燥辟谣文章更具有可读性

谣言满天飞，这样的文章通常都能够获得很大的阅读量。同时，也有很多科学爱好者写文章对这些谣言进行辟谣，但辟谣文章往往甚少被人问津，阅读量少得可怜。

出现这种现象的原因是多方面的。标题党类的文章除了题目吸引眼球，而且内容排版"很花心思"：字号通常要比一般的文章大，文字的颜色不止一种，重要语句都会加粗或者变成红色，每一段的文字都不会太多，但每句话的语气都很强，经常会用感叹号。

而辟谣类的文章呢？这样的文章为了能够反驳谣言，通常需要比较严谨的推理，逻辑性相对较强，还会时不时地引用一些学术论文的内容，再加上一些科学实验的图表和数字结论。虽然科学性更强、可信度更高，但是可读性却大大下降，导致读者很有可能看了没有两段就放弃阅读了。就像上面举的例子，"冰块比马桶还脏"显然更能吸引眼球，而之后的包含科学实验、数据分析的辟谣文章则甚少有人问津。

我们来看下面这段文字。

"电脑使用后，脸上会吸附不少电磁辐射的颗粒，因此要及时用清水洗脸，这样将使所受辐射减轻70%以上。在电脑旁摆一盆仙人掌，也可以吸收辐射。"

这段文字言简意赅，把事情的起因、原理、结果以及应对方法都解释得很清楚，文字所要传递的信息也很清楚，很容易被人记住——"仙人掌能防辐射"。

那么辟谣的文章呢？这里只摘取其中一段解释各类辐射的文字。

"伽马射线、X光、太阳光里的紫外线辐射、可见光和电脑的辐射本质上都是电磁波。从电磁波谱图可以看出，电磁波包括从伽马光到无线电波的一系列频率,核辐射产生的伽马射线在最左面,紫外线在可见光的左边,一般说的电器产生的电磁辐射则是在可见光右边——从红外线到无线电的部分。"

虽然很符合科学原理,同时也是科普人士应有的态度,但是对于公众来说,这样的解释着实太难理解,很容易失去阅读辟谣文章的兴趣。

●9.2 食物相克的谣言：离开剂量谈毒性都是耍流氓

1538年，瑞士医生、毒理学家帕拉塞尔斯（Paracelsus）在一本书中写下了一句拉丁文：Dosis facit venenum。这句话直译过来是："剂量制造毒药。"帕拉塞尔斯认为，小剂量的毒药是无害的，只有过量食用才会造成毒害。用现代的话说就是：离开剂量谈毒性都是耍流氓。

网络上曾经流传过一个骇人听闻的故事：台湾的一名女生突然暴毙，经初步诊断，被认定为砒霜中毒死亡。一名医学院的教授被邀请来协助破案。他仔细地察看了死者胃中的提取物后，指出砒霜是在死者腹内产生的。而这名女生每天都会吃维生素C，暴毙前的晚餐又吃了大量的虾，他认为问题就在这里。该教授表示，美国芝加哥大学的研究员通过实验发现，虾等软壳类的食物中含有大量浓度较高的五价砷化合物。这种物质被摄取后，对人体无毒害作用，但是服用了维生素C之后，就会因为化学作用，使原来无毒的五价砷转变为有毒的三价砷，也就是三氧化二砷，俗称"砒霜"，从而导致人急性中毒，甚至致命。所以，为慎重起见，在服用维生素C期间，应忌食虾类。

这则消息写的同样有案例、有分析，还有名校教授的解释，看完之后让人感觉，原来维生素C+虾=砒霜！

不过，这则谣言也被辟谣了。文章提到的五价砷转化成三价砷导致中毒，这个逻辑是合理的。虾里面的砷主要以有机砷的形式存在，无机砷的含量不到4%。根据我国的食品安全相关标准，每千克鲜虾中，无机砷含量不能超过0.5毫克。对于成年人来说，至少需要100毫克的砒霜才能致其死亡，这其中砷元素的含量为75毫克。也就是说，即使受害者吃到的虾全都是无机砷含量超标，达到0.5毫克，那也得吃掉150千克这样的虾才能有砒霜至死的危险。而一次吃这么多虾几乎是不可能的。

●9.3 生男孩还是生女孩——酸儿辣女?

"酸儿辣女"是流传最广的关于生男孩还是生女孩的传闻之一了。在怀孕后,许多准妈妈对食物的口味都和以前不一样了,其中一个特征就是特别喜欢吃酸的或辣的食物。有一些说法认为,根据孕妇口味的变化可以判断胎儿的性别。假如喜欢吃酸的,就有可能怀的是男孩;如果喜欢吃辣的,就可能怀的是女孩。现实中,我们经常听到亲戚朋友说,他们的朋友的女儿在怀孕期间喜欢吃酸的,结果真的生了男孩;或者是喜欢吃辣的,结果就真的生了女孩。因此,他们十分相信"酸儿辣女"的说法。

但是这种说法有科学依据吗?其实,孕期口味发生改变是很常见的,但并不代表口味发生改变,胎儿的性别就会发生改变。很多孕妇都喜欢吃酸的东西,孕妇喜欢酸性食物是符合生理和营养需求的。由于味觉能刺激胃分泌胃液,且能提高消化酶的活性,促进胃肠蠕动,增加食欲,所以多数孕妇都爱吃酸食。

而无论是生男还是生女,都是由人类自身的染色体决定的,饮食的口味并不能影响婴儿的性别。之所以有一些人觉得身边有人的确是"酸儿辣女",那是因为一些孕期内喜欢吃酸的,而同时又生下男孩的母亲,觉得这种说法的确奏效了,然后会告诉身边的人。而那些喜欢吃酸的,又生下女孩的母亲,没有把"酸儿辣女"当成与其他人交流时候的主题罢了。人总是容易被自己更加愿意去相信的道理所说服,那些传播"酸儿辣女"的人,其实潜意识本来就更倾向于相信这种说法,所以真到自己经历或者听说了这样的事情,就会更加强化自己的这种观点。这也是一种"选择性偏差"。

第10章

美国大选预测遭遇滑铁卢：特朗普来了

> 前文介绍了运用数字来预测美国大选的成功案例，但这样的成功并不会总是出现。2016年第58届美国总统选举就出现了众多媒体和政治评论家纷纷失手的情况，这其中的原因与错用数字不无关系。

●10.1 总统大选,谁家预测得准

北京时间2016年11月9日,美国举行了历史上的第58届总统选举,两位候选人分别是来自民主党的希拉里·克林顿(Hillary Clinton)和来自共和党的唐纳德·特朗普(Donald Trump)。希拉里有着丰富的政治经验,不仅曾任美国的国务卿,之前还有过总统竞选的经历,而且她的丈夫就是美国第42任总统比尔·克林顿。希拉里说话得体,在公众面前表现得十分有亲和力。

而她的竞争对手特朗普则是一位商人,从来没有过任何的从政经历,而且他从竞选一开始就口无遮拦,他的行为多次被人拿来嘲讽,就连共和党内部的不少元老都有意与他保持距离。没有人认为他能当选,特朗普能够进入最后的决胜轮,代表共和党参选,就已经出乎很多人的预料了。还想再进一步当选总统?很多人都觉得是天方夜谭。

即使到了最终的大选前夕,特朗普在许多媒体上仍然是一个负面的形象:暴发户、大嘴巴、种族歧视、不尊重女性。虽然希拉里的负面报道也不少,她也不那么受人欢迎,但是相比起来,大多数人还是认为希拉里的胜算更大。

美国主流媒体也是一边倒地倾向希拉里获胜,比如在选举结束前的几个小时,《纽约时报》还预测希拉里获胜的概率为85%。事实上,这一年6月以来,《纽约时报》预测希拉里的获胜概率就一直遥遥领先于特朗普,如图10-1所示。

而拥有微软技术支持的PredictWise也同样一路看衰共和党。下图是PredictWise对共和党获胜概率的预测。直到大选前一天,特朗普的获胜概率也只浮动在10%左右,如图10-2所示。

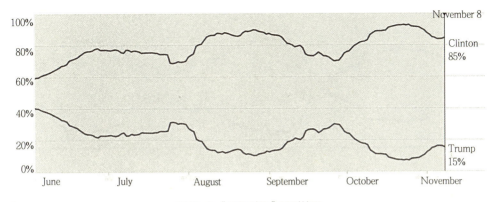

图10-1 《纽约时报》预测结果

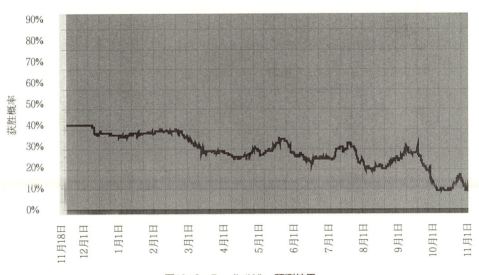

图10-2 PredictWise预测结果

上文中介绍过,纳特·西尔弗和他的538网站曾在过去两次大选中成功预测最终结果,就连每个州的情况都能预测准确。这一次他们给出的预测概率与主流媒体稍微有些不同,希拉里的优势并没有那么大。但尽管如此,538网站也认为希拉里获胜的概率超过70%,而特朗普的胜算只有28.6%,请看图10-3。

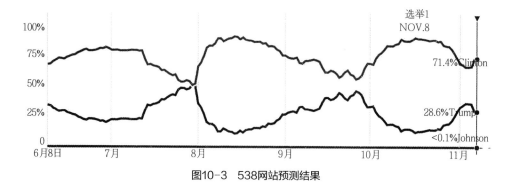

图10-3　538网站预测结果

就是在这样"实力悬殊"的背景下，美国新一届总统大选拉开了帷幕。可是，让人万万没有想到的是，在经过了漫长的投票和统计之后，最终特朗普获得了276张选举人票，超过希拉里的228张，成功当选第58届，也是第45任美国总统。

这个结果超出了大部分媒体、民众的预期，令众人咋舌。

●10.2 尴尬的媒体和民调预测

在选举前信誓旦旦地预测希拉里将会获胜的众媒体，恐怕是感到最为尴尬的。其实，不管是支持民主党的还是共和党的媒体，大选预测都出现了偏差。一贯支持共和党的《华尔街日报》的民调数字也称希拉里的胜率达到了44%，特朗普只有40%。支持特朗普的保守派媒体FOX，在大选前给出的预测也是希拉里的胜率达到了45%，特朗普为40%。

大选的最终结果表明，媒体的预测与人民的真实想法出现了重大脱节。不过，从另一方面来讲，这也是民调数据和人民的意愿出现了脱节。媒体的预测一般都依赖于民调的数据，只有获得了这些数据，才能够做进一步分析。在选举开始前半个月的时候，所有主流民调机构的数据都看好希拉里获胜，两位候选者的支持率相差2%到10%，虽然差别不大，但民调机构都认为希拉里的优势更大。这些以民意调查为看家本领的机构，集体出现了失误。

正如上文所说，由于不可能获得全部美国人的投票倾向，所以民调机构也是进行抽样统计的。这其中的问题很有可能就出在抽样上，民调机构进行调查的选民未能具备良好的代表性，有一些选民群体被忽视掉了。有的分析人士把这称为"沉默的大多数"，这些人在公众场合会避免表达自己的政治倾向，以免自己的政治理念导致自己受到群体的孤立，这其中的原因就是自己的政治观点可能并不受到其他人的欢迎。大多数人还是愿意看到自己的观点受到别人的赞同，特别是当主流媒体都在反对特朗普，同时希拉里的支持者声势浩大的时候。

在这次大选中，特朗普诸多不恰当的言论和执政纲领遭到媒体的口诛笔伐，这就使得特朗普的支持者并不太愿意参与民意调查来表达自己的观点。特别是民调员是通过电话这种方式直接与被调查者进行沟通的，特朗普的许多支持者在这种情况下就可能会隐藏自己的真实想法。这样的"沉默"使得他们的投票倾向并没有在民调结果中显示出来，而且这部分人的数量还不在少数。但是到了投票的时候，每个人投票的结果不需要公开告诉别人，所以这个群体的人的影响力就体现出来了。另外还有一种可能是，希拉里的选民的投票率并没有想象中的高，一些选民并没有出门投票。总之，对投票率的估计错误是民调出错的一个很大原因。

不过上文中提到过盖洛普民意调查采取的是更加科学的分层抽样方法，现有的大多数民意调查机构也是如此，可为什么还是会出错了呢？难道是分层抽样已经不再适用了？其实并不是这样的，除了上面说的忽视了"沉默的大多数"这一因素，还有一个问题在于，民调机构大多采用的是固定电话调查的方式。这种方法在20年前可以具有代表性，因为当时大多数美国人都还在使用固定电话，理论上民调可以覆盖到几乎所有的美国人。可是到了2016年的今天，固定电话的使用率已经大大降低，人们更多地使用手机等更现代的通信方式，所以固定电话调查的对象也是十分有限的。其实这本质上犯了和1936年《文学文摘》同样的错误，可见分层抽样的理念一直都值得借鉴，但是具体的方法是要随着时代的变化而不断更新的。

美国大选采取的是"赢者通吃"的制度，只要候选人能够在任何一个州的投票结果中胜出，那么这个州所有的选举人票都归该候选人所有。所以，本次大选最后的结果虽然从绝对票数上来说，希拉里以约6099万票对约6035万票的优势领先60多万票，但在选举人票上仍旧落后。

"赢者通吃"意味着，候选人不管在该州多赢的是一票还是十万票，其实效果都是一样的，关键是要赢。那么在一些所谓的摇摆州，即使是十分微小的差距，也会使整个州的选举人票易主。所以一旦民调结果出现了偏差，就会直接影响到战局。

还有一点值得注意的是，希拉里的团队在竞选期间十分善于利用高科技和新媒体造势，在大众舆论平台上一直占有优势，再加上希拉里一贯以来对高科技产业的支持，十分受到年轻人的欢迎，这也可以从图10-4的选民年龄结构中看出：

	clinton	trump	other/no answer
18~29岁 19%	55%	37%	8%
30~44岁 25%	50%	42%	8%
45~64岁 40%	44%	53%	3%
65岁及以上 15%	45%	53%	2%

图10-4　按年龄分的投票结果

29岁以下的选民有55%都把票投给了希拉里，30岁到40岁的青壮年选民也更加支持她。而特朗普恰恰相反，最常用的新媒体工具也就是他个人的推特（Twitter）账号，除此之外，他频频地在电视上重复自己口号式的观点，虽然缺少实质性的施政纲领，但有很强的感染力。

从选民的受教育情况来看，在受过高等教育的选民中，希拉里更受欢迎。而教育水平偏低的选民，更加青睐特朗普，这些人大多是大学以下甚至高中以下学历，他们更容易受到鼓动，特朗普带有煽动性的演讲风格正好符合他们的胃口。而且特朗普的政治观点的确有利于这部分人，如图10-5所示。

	clinton	trump	other/no answer
high school or less 18%	45%	51%	4%
some college 32%	43%	52%	5%
college graduate 32%	49%	45%	6%
postgraduate 18%	58%	37%	5%

图10-5　按教育程度分的投票结果

10.3 预测正确的媒体

传统的民意调查方式选取的样本通常都有限,那么有没有其他更好的办法呢?其实,在这次大选预测中,美国媒体也并非全军覆没。比如图10-6展示的《洛杉矶时报》,就是少有能够预测正确的主流媒体。

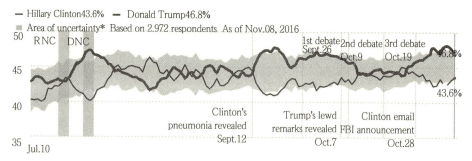

说明:粗线为特朗普支持率,细线为希拉里支持率

图10-6 《洛杉矶时报》预测结果

他们与南加州大学(University of Southern California)合作,随机选择了一个3000人左右的固定选民样本,每天从中抽取大约450人询问他们的投票倾向。具体的调查问题有三个:

1. 你会去参加总统大选投票吗?
2. 你会选希拉里、特朗普,还是其他人?
3. 最终赢得选举的会是希拉里、特朗普,还是其他人?

《洛杉矶时报》使用了固定样本以及长期调查的方式,这一民调早在7月份就已经开始,持续了长达半年的时间,并且每天都会更新。在这6个月的时间里,特朗普的支持率领先的时间要高于希拉里,这是和其他大多数民调都不同的。从调查统计的方法上,《洛杉矶时报》的不同之处在于以下几点。

1. 传统民调机构每一次的调查对象都是不同的,而《洛杉矶时报》则选取了大约3000人的固定样本群体,当然这3000多人也是根据统计学标准随机选取的，考虑因素包括种族、性别和年龄等。之所以选择固定的样本群体，是因为如果每次调查都随机选取不同的人，那么在两次调查期间若发生了影响选情的重大事件，双方选民的心理也会发生变化，获利一方选民更加乐意参加民意调查，而受损一方则可能会抵触回答民调的提问或者不愿接听民调机构的电话，这样民调的答复人群实际上会发生变化，导致结果出现偏差。而如果使用固定的样本群体，这样的偏差会大大缩小。

2. 一般的民调会问被调查者投票给哪位总统候选人，结果是确定的某一个人。而《洛杉矶时报》则将结果分成0到100（类似于百分比，数字越大，表示越肯定）这样的程度，让被调查者估计自己会有多大的可能性投票给某一位候选人。这样就可以看出来被调查者投票的坚定程度。

3. 民调中的三个问题里，除了投票的具体对象以外，另外两个问题也会根据具体的权重被考虑在内。比如假设有两个选民，一个100%确信自己要支持候选人A，相当于是忠实选民；而另一个只有70%的可能性投票给候选人B，那么前者的权重要大于后者，也就是说当反映到最终的民调结果里，仅就这两位选民而言，A的支持率会高于B。而以往传统的民调方法里，只能反映出投票给A或者B，民调结果里A和B的支持率是相同的。同样的，一位100%确定自己要去参加投票的选民的权重要高于一位只有50%可能要去投票的选民。这样做的好处就是能够将选民的投票意愿考虑在内，将那些热心参与政治活动的人与对政治事务比较不关心的人区分开，避免因为错误估计投票率而导致预测失误。

其实，《洛杉矶时报》并非第一次使用这种方法，在2012年的那次总统大选中，它就使用这一方法成功预测了奥巴马胜选，并且对于领先优势的预测也相当准确。根据他们的结果奥巴马将会领先罗姆尼3.32个百分点，十分接近大选的最终结果3.85，这一成绩优于绝大多数媒体的预测。

010101011
1110101001001110
00101010010001010
011101010100101
011010
11
10101110000001
0101
111101010000000010
100101001111
100011001
00001

第11章

数字与新技术时代

我们现在处于一个科技高速发展的时代，每隔一段时间都会有新奇的发明出现。这是一个技术为王的时代，也是一个数字为上的时代，新技术开拓了人类的文明，但同时也带来了诸多隐患。

●11.1 人工智能、机器学习、大数据：数字新时代

在本书的结尾部分，将结合新时代的新技术来谈一谈数字的新意义。最近这两年，互联网和计算机技术进入了新的发展阶段，从美国的硅谷到中国的各种创新产业园，全球都在拥抱各类新奇的IT革新，除了上面提到过的大数据，还有人工智能、机器学习。人工智能包括感知外界信息，比如听觉（语音）、视觉以及语言，然后通过这些信息进行一些预测和判断，最后给出一个机器一般的自动化反馈。而深度学习是一种神经网络，能够使机器或者程序学习抽象概念，同时融入自我学习。

人们的生活越来越深入地被高科技所改变，有了智能家居，机器可以自动检测室温、控制室温并进行调控，同时学习主人的生活习惯以更好地进行服务。手机上的助理软件可以通过手机使用者过去做过的一些事情来推测接下来将要去哪里，以做好提前规划。

1997年，由IBM公司开发的超级电脑"深蓝"（Deep Blue）击败国际象棋世界冠军卡斯帕罗夫，成为首个在标准比赛时限内击败国际象棋世界冠军的电脑系统。这一结果令全世界震惊不已。"深蓝"就是早期的人工智能产品，而研制现代弈棋机来战胜人类棋手的科学构想，则是人工智能最传统的领域之一。据说，1997年的深蓝可搜索及估计随后的12步棋，而一名人类象棋高手大约只可估计随后的10步棋。

虽然国际象棋被看作是一种高层次的智慧博弈，但一般来说，围棋被认为是比国际象棋难度更大的棋类，因为围棋的变化更多，更加难以计算。数千年来，围棋这种起源于中国的古老棋类运动，一直是被人类视为瑰宝，历代围棋大家不断地献上新的下法和棋路。围棋也不仅仅被看作是一项运动，还变成了人类智慧的艺术，并被赋予了哲学的意义。可是就在2016年3月，由Google旗下的DeepMind公司开发的人工智能围棋程序阿尔法围棋AlphaGo，在与韩国顶

尖职业棋手李世石的五番棋对弈中，以4比1取胜，成为第一个不借助让子而击败围棋职业九段棋手的电脑程序。其实在赛前，很多人并不看好阿尔法围棋，因为围棋这样长久以来被看作一种艺术的项目，需要的是人类的创造力、灵感和大局观，可是阿尔法围棋的胜利开始改变了人们对围棋的看法。

阿尔法围棋使用了蒙特卡洛树搜索与两个深度神经网络相结合的方法，结合树状图的长远推断来判断落子位置。它的计算能力远远高于人类，可以计算到各种位置落子之后对整个棋局胜率的影响。更为强大的是，它可以像人类的大脑一样自发学习进行训练，不停地进行棋谱或者实战训练，快速提高下棋实力。

与李世石的对弈其实还只是小试牛刀。2016年与2017年交替之际，阿尔法围棋又以一个名为"Master"的账号，在顶级职业棋手云集的几个围棋网站上，以网络快棋赛的方式连胜诸多中日韩围棋顶尖高手，以60战全胜的战绩再一次震惊世人。事隔不到一年，阿尔法围棋棋力再次大涨，其深度学习的能力的确远高于人类。

阿尔法围棋带来的一个冲击便是颠覆了人们对围棋的认知，以往人类向往的飘逸的棋风和潇洒的布局，在阿尔法围棋程序那里都失去了意义，机器关注的就是简单的输或者赢，每一步棋都以提高最终胜率为目标，数字所表示的概率才是阿尔法围棋所追求的。所以阿尔法的许多下法，在人类看来都是难以理解的，因为人类永远也无法赶上机器的运算能力，自然也看不懂机器的思维方式。

无人驾驶技术也是对数字和数据运用的典型代表。无人驾驶技术的基础就是要有足够充足的数据和处理数据的能力，无人驾驶汽车通过汽车外层安装的诸多传感器以及GPS设备，不断地收集车辆本身和各种周围线路及目标线路上的交通数据，自己及其他车辆的位置、行车速度，以及包括行人、信号灯在内的路况信息都可以反馈到汽车当中，然后处理器对这些数据进行分析，再根据计算结果来控制车辆的行驶方式，以帮助车辆做出行为决策。

有了本车的数据，再加上网络地图上的路况数据和其他车辆的信息，无人车就可以做出最为合理的线路规划，避免拥堵路段，也使得整个交通体系变得更加顺畅。

●11.2 新技术前景

人工智能、深度学习、大数据，人们对这些新技术抱有极大的期待，很多人认为这些就是整个人类未来发展的方向。不过，当所有人都保持乐观态度的时候，也正是需要反思的时候。在全世界都把目光投向人工智能这样的高科技时，应该放慢脚步思考一下，这类技术是否真的有那么全能。

这里需要先确定一下人们的期望到底是什么，有人会觉得人工智能会彻底颠覆人类社会，也有人觉得这只不过是人类的又一个"玩具"而已。这里就取一个中间值，即人工智能或许可以革新生产方式，带来新的工业革命。其实，如果能够做到这些，那也已经是具有划时代意义了，生产方式的改变带来的其他社会因素的变革同样是巨大的。

现实中，每当看到有改变人类生活潜力的新技术或者新思想的时候，很多人都会感到欣喜，似乎都可以亲眼目睹"世界被改变"，"见证划时代产品"。不过，要知道，人们现在能够看到的，都只是那些"幸存"下来的创新型技术，还有更多的、当初看起来也马上要改变历史的技术，但最终被淘汰掉。

那些能留下来并改变人类的技术，无一不是"创新"，而"创新"不仅仅意味着发明创造，还要能够推向市场，被市场所接受。从蒸汽机到电力的大规模应用，再到计算机，单单的理论突破是远远不够的（当然并不是说理论不重要，理论突破毫无疑问是创新的基础），这些改变历史的技术都是在实现了市场化之后得以成就了如今的地位，这也是历史上许多先进技术最终销声匿迹的原因。假如阿尔法的技术仅仅停留在下围棋的功能上，那它也永远就是个"围棋机器"，而如果能把这项技术或者其他人工智能技术很好地运用到实际生产当中，那么它未来的影响是不可估量的。其实投入市场所需要的技术水平是远远低于实验室里的前沿技术的，但难就难在"知识转化"，或者说是"技术转化"的环节，所以并不是每一项发明都能带来熊彼特所说的"创造性破坏"的。

不过，如今市面上已经能够看到不少人工智能的产品，比如智能家居，还有自动驾驶汽车，但如果把这些放到整个社会来看，还只是一小部分，更为值得关注的是人工智能对工业生产的改变情况，这一点难度更大，毕竟工业生产、特别是大规模的工业生产方式的技术成熟度、统一性和标准化的要求可都是要超出一套智能家居不少的。

2014年，一家德国经济研究所的经济学家团队对德国企业做了一个关于"工业4.0"的调查，结果显示，大部分德国的中小企业根本没有听说过"工业4.0"，更别说应用了。要知道，德国的"工业4.0"的蓝图还没有到人工智能那个阶段，只是将目标定在了生产的智能化上，而"工业4.0"也是瞄准了下一次工业革命的。所以要想把新技术和新的生产方式推进到企业的生产层面，并不是一件容易的事，不是说技术最前沿就能成为下一个"蒸汽机"的。

所以，人工智能或者深度学习技术要想变革整个生产方式，取决于接下来几年的实际应用以及工业产品情况。

人工智能这一批技术确实是有改变世界的潜质，因为它们的技术、理念、应用场景等的确能够为现有的生产生活方式带来巨大的冲击。不过也要看到，人工智能并不只是以独立个体的形式出现的，而是不同交叉学科的产物：IT、统计、语言学等，而到了工业化应用阶段，又超越不了材料科学等更加传统的行业（虽然历史上的创新也没有哪个是孤立出现的，但如今"知识外溢"的方式又有许多不同之处）。虽然是以计算机科学为主，但是没有其他的学科，也就没有了人工智能。所以还要取决于交叉学科的发展情况。

不管在哪个时代，技术的发展都是超出当时人类的预期、认知范围和知识水平的，说不定我们就会经历人工智能或者其他的创新变革整个社会了呢？

●11.3 人类必须要面对的现实：被机器取代

2015年4月，美国最大的通讯社美联社宣布，将使用一种新闻书写软件代替人力，处理许多财经记者赖以为生的美国企业财报报道。每个季度记者都会花大量时间去阅读企业公布的财报并撰写相关报道，虽然各家企业的财报格式都不尽相同，但一些关键词都是固定的，比如盈利、成本、股价等。这些相对来说更像是一种"机械式"的工作。美联储采用自动化技术来替代人工写作，每当企业发布财报，这种技术会自动从财报上抓取最核心的信息，然后基于预先设计好的文章结构进行填充，在很短的时间之内，一篇几百字的新闻就能够写好。而且，机器写作的效率高得惊人，在同样文章质量和新闻规范下，机器是人工写作数量的10倍。这种写作机器能够从数据中遴选出事实和主要趋势，以叙述的方式加以总结。而且随着这项技术的成熟，写作机器已经不仅能够叙述事实，还能够让文风变得更加幽默灵活。

2016年7月，美联社又宣布将用这种技术提供的人工智能技术撰写美国职棒小联盟的部分赛事报道。其实包括一些中国网站在内的大型媒体机构都已经开始使用机器来代替一些记者的工作，而在一些领域，比如企业财报报道上，机器写出的文章在可读性上并不差于人工写作。机器已经开始抢记者的饭碗了。

的确，如果人工智能、机器学习这样的技术真的要为社会带来变革，那么首先到来的，同时也是能够直接感受到的，就是人类的工作岗位不断被机器所取代。事实上，工作岗位被机器取代并不只是现在才发生，每一次科技的进步，特别是工业生产技术的进步，都会带来劳动市场的变化：中世纪的欧洲，印刷术的发明使得大量手抄员失去了工作；20世纪初汽车的发明导致马车夫失业；手机的普及让固定电话行业的从业人员没有了生意。数字化和自动化程度越来越高，对人力的需求也就越来越低，这也可以看作是数字带来的一种另类的陷阱。经济学家在2015年的一篇论文里提供了一张美国1945年到2015年之间的非农业就业人员情况的图表,如图11-1所示。

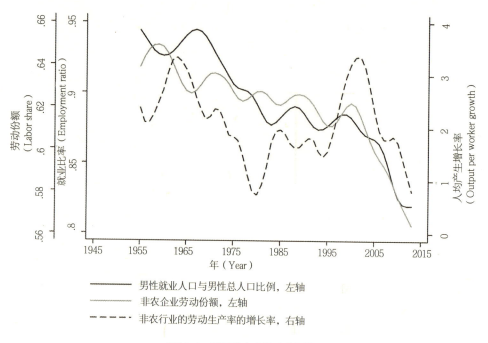

图11-1 美国非农业劳动市场情况

深色实线表示男性就业人口与男性总人口比例,虚线代表非农行业的劳动生产率的增长率(即每位雇员产出的增长率)。可以看出,就业人口与总人口的比例从第二次世界大战之后开始一直是呈下降趋势的,也就是说劳动人口相对于总人口是在减少的。而劳动生产率的增速情况则波动较大,这也与整体经济的发展状况以及新技术的突破有关。

那么具体哪些行业是最容易被取代的呢?经济学家计算了1940年到1980年以及1980年到2010年这两个阶段美国几个行业雇佣人员数量占总雇员数量的比例,如图11-2所示。

可以看到,第一栏的农业和第三栏的操作工人是最容易被取代的。此外,第四栏的熟练蓝领工人和第五栏的文员或销售员在20世纪80年代之后,岗位比例也

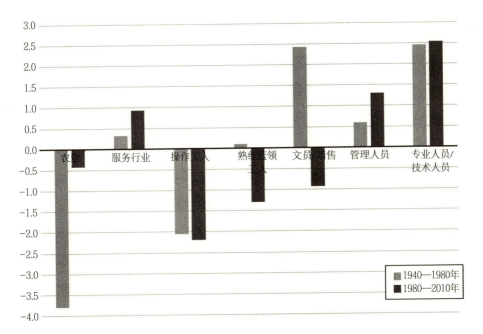

图11-2 美国各行业雇佣人员占比变化情况

在大幅减少。而需求量增加、重要性提高的前两大行业是专业人员/技术人员，以及经理这样的管理人员。可以看出，那些需要依靠重复劳动的行业更加容易被机器取代，而需要很高的专业知识和专业技能的行业在不可替代程度上会更高。

1988年，美国经济学家肖莎娜·扎波夫（Shoshana Zuboff）在《在智能机器时代》(*In the Age of Smart Machine*) 一书中曾断言：

所有能被自动化的东西都将被自动化。

所有能被信息化的东西都将被信息化。

所有能被用作监视和管制的数字化应用都将被用作监视和管制。

尽管这本书写于近30年前，但这几句话直到今天都还十分适用。数字化的运用越来越普及，自动化程度越来越高，但同时也意味着对人工需求量的减少。人工智能等一系列技术突破，把机器取代人再向前推进了一步，只不过，这样一种不同于以上几章所介绍的另类"数字陷阱"，改变的可能是整个人类社会。

●11.4 安全隐患

数字化以及人工智能等新技术带来的另外一个陷阱是安全隐患。首先是生命安全。将人工智能运用到自动驾驶上,无疑是过去这些年里世界互联网行业关注的焦点之一。自动驾驶功能可以通过大量汇总的数据以及车上的传感器不断获取路况信息,以此对汽车行驶方式给出指令。

2016年5月,一辆汽车在美国佛罗里达州与一辆拖车相撞,40岁的驾驶员丧生,当时他自己并没有控制汽车方向盘,而是开启了汽车的自动驾驶模式。

根据事后调查,当时驾驶员的汽车正高速行驶在一条双向有隔离带的公路上,此时一辆带有挂车的重型卡车沿垂直于公路的方向横穿公路,挂车的车体是白色的。由于在强烈日照下,挂车车体出现反光且车体较高,汽车的自动驾驶技术并未及时识别卡车的白色车体,误以为前方没有车辆而仍旧以正常速度行使,没有启动刹车功能,导致汽车从挂车底部通过时,其前挡风玻璃与挂车底部发生撞击,驾驶员不幸遇难。

虽然事后该公司表示其自动驾驶技术还是一个新的功能,也并非是完全的自动驾驶,驾驶员仍需要保持对车辆的控制。而且从数据上来看,自动驾驶能够很大程度上避免人工驾驶时导致的各种问题和错误,从而从整体上降低车祸发生概率。但是,每当自动驾驶导致的车祸发生,都足够引起巨大的关注,引发公众对人工智能和自动驾驶的新一轮讨论。

2015年7月,德国一家汽车制造厂发生了一起工人被机器人意外伤害致死的事件。当时工人正在安装机器,不料与他们一起工作的机器人却突然启动,撞击了受害人的胸部,并将其按压在了金属板上,最终导致这名工人医治无效死亡。这起事件也被看作是"机器人杀人"的又一个例证。

与自动驾驶一样,从数据上看,机器人的运用实际上是大大降低了事故发生率的。美国官方公布的数据显示，2013年美国制造业中每10万名全职员工，会有2.1个致命事故发生，相比于2006年的2.7个有所下降。在运输设备行业，这一数字则仅有0.9。但这却无助于消除公众对机器人的负面感知。

人类利用数字技术不断地提高生产和生活的自动化水平，但人们仍然不断地感觉到机器所带来的威胁。1982年，弗诺·文奇在美国人工智能协会年会上首次提出"技术奇异点"（Technological Singularity）这一概念，指的是在未来的某个时期，当机器达到"强人工智能"时，其智商将超过人类，从而对人类社会造成巨大的冲击。1993年，文奇认为，在30年内，我们将有实现超级人工智能的技术手段。在这之后，人类时代将会结束。2005年，美国人库茨维尔在《奇点临近》一书中指出："随着纳米技术、生物技术等呈几何级数加速发展，未来20年中人类的智能将会大幅提高，人类的未来也会发生根本性重塑。在'奇点'到来之际，机器将能通过人工智能进行自我完善，超越人类，从而开启一个新的时代。"他预计，2045年将出现"奇点"时刻，到时候人类文明将走到终点。

"奇点理论"的预测虽然也受到不少质疑，但是人类对于人工智能有一天超越人类一直抱有担忧，历年来的科幻电影都喜欢把拥有思考能力的机器人反叛人类作为创作主题，当机器拥有充足的数据量，能够通过数据收集到人类的喜怒哀乐，学习人类的思考方法，拥有了主观意识，那么这可能对于人类来说真的就是一个巨大的"陷阱"。

如果说"奇点"时刻过于虚幻，那么一个很现实的数字化带来的危机是信息安全问题。上文中曾经介绍过，如今企业拥有用户的大量信息，可以准确得知用户的喜好，对用户进行精准的广告投放。可是越来越多个人信息被非法买卖，在网络购物平台上很容易就能搜索到售卖个人信息的商家，从姓名、出生日期、身份证号到其他各类信息，当人们被数字化之后，每个人都更加容易被勾勒出来，也更容易被交易。

除了商业机构,一些政府对信息的监控程度更是令人咋舌。2013年5月,美国中央情报局前雇员爱德华·斯诺登(Edward Snowden)将美国国家安全局的棱镜计划监听项目的秘密文档公之于众。美国政府的这一庞大的电子监听计划,监听对象包括任何在美国以外地区使用参与计划公司服务的客户,或是任何与国外人士通信的美国公民。这一监听计划刚一被披露,全球哗然。

在大数据时代,信息安全受到了前所未有的关注,也遇到了前所未有的挑战。专注于信息技术安全研究的德国弗劳恩霍夫IT安全研究所(Fraunhofer SIT),在2015年发布了一篇分析大数据时代信息安全的报告——《大数据的机遇和个人隐私保护问题》。根据该机构在德国做的问卷调查,有约三分之二的受访者认为大数据会威胁个人隐私,有超过一半的受访者将大数据与"数据收集"联系到一起。对于政府等公共机构使用大数据技术收集信息的行为,只有不到20%的受访者表示信任它们不会侵犯个人隐私。对于个人信息的威胁者,有约90%的受访者认为是互联网和软件公司,超过80%的受访者认为是外国情报机构,超过70%的受访者认为是本国情报机构。

第12章 总结

没有数字,就没有人类社会的今天。在史前时代,类似于数字的符号就已经被刻在木头、骨头和石头上用来计数。到了石器时代,计数符号开始被用作简单的交易和私人服务。公元前8000年到公元前3500年,苏美尔人使用黏土保留数字信息。从大约公元前3500年开始,数字符号开始出现。之后,世界上仅有的几个文明发源地,不管是古代希腊、古代罗马、古代埃及、中美洲地区,还是古代中国,不管她们之间相距多远,不管她们之间是否有交集,都发明出了数字,虽然表现形式各有不同,但是这种计数方式成了人类历史共同的原始需求。

数字是一种信息,以往数字只是用来承载计数信息,后来数字的功能越来越多样,但计数这一核心功能却一直被传承了下来。数字意味着精准,科学理论需要用数学来推导,工程制造需要用数字来表达。不过,数字看似简单容易,但组合与变化无穷无尽,有时最简单的也可能变成最复杂的。

但是,数字却无法永远保持单纯,数字被滥用的现象越来越常见,用数字说谎成了历朝历代屡禁不止而又花样翻新的"陷阱",让人防不胜防。可以看到,在新的时代,在新技术的"掩护"之下,数字陷阱又出现了新的变化。计算机技术的进步使得获取大数据的成本不断降低,可数据数量的增加并未同时带来质量上的飞跃,从数据收集到数据处理,从数据可视化到信息表达,每个环节都有用数字做手脚的余地。

不过,数字永远都是那些数字,说谎的并不是数字本身,而是使用数字的人。数字使用者希望借助数字表达某些信息,有些时候,数字就成了"任人打扮的小姑娘",被随意粉饰,被拿来为谎言做佐证。

不管是真实的信息还是虚假的信息,都需要传播的载体,这个载体在很大程度上决定了信息的影响力和传播范围。在这个时代,互联网的出现让每个人都享受到了前所未有的"信息平等",不管在世界的哪个角落,只要拥有网络,每个人都可以在同一时间轻松获取与其他人同样的信息,每个人也都可以成为信息的发布者，将信息传播到世界的各个地方，传统媒体不再拥有绝对的话语权，网络上的草根都有成为意见领袖的潜力。

2005年，美国作家托马斯·弗里德曼（Thomas Friedman）出版了《世界是平的》一书。作者认为，随着全球化的深入和科技的进步，世界正在被抹平，个人与企业获得了更大的话语权，全球性的平台使得更多的人能够参与到竞争与合作当中，并分享知识与见解。

全球化与新一轮科技进步，正是进一步数字化的结果，信息在全球的传播，以数字为基础，又承载着数字信息。然而遗憾的是，跨越地域限制的信息共享并未让"真相"重回公众视野。"后真相时代"已经超越了数字本身，是人类运用数字推动科技进步后所产生的一个"陷阱"。

互联网的出现，只不过是换了个信息的载体。不管技术如何发展，不管是否有互联网，"信息所有权"的分配一直都是不对称的，真相永远是被一层层地包裹起来。互联网看似抹平了信息的鸿沟，但掌握网络话语权和流量的个人或机构，又重构了新形态的信息不平等。

不过，降低这样的不对称、让人更加接近真相的最好方法恰恰也是技术：1517年，正是当时古登堡印刷术的发明，助推了马丁·路德宗教改革思想的传播，打破了天主教对宗教思想的垄断；第二次世界大战结束后，各类影像技术的出现还原了纳粹的种种罪行，让那些仍旧受到蛊惑的追随者接触到了更加多元的信息。技术进步正是在这样"去中心化—中心化—去中心化"的过程中不断减少或者增加这样的信息不对称性。

因此，说谎的并不是媒体或者技术本身，而是利用信息垄断优势滥用技术的人。数字并不会说谎，说谎的都是写下一串串数字的人。不管是粉饰数字的个人，还是利用数字化和信息技术来控制信息流通的机构，都是数字陷阱的制造者。